Mythos Herkules

Herkules, Sohn des Zeus und der Erdenbewohnerin Alkmene, ist einer der gewaltigsten Helden der antiken Sagenwelt. Halb Gott,
halb Mensch muss er seine Kräfte gegenüber
beiden Geschlechtern unter Beweis stellen.
Nicht nur durch seine übermenschlichen
Taten, sondern auch durch seine menschlich-
allzumenschlichen Eigenschaften erlangte
Herkules in der Weltliteratur von Pindar über
Goethe bis Dürrenmatt, Weiss, Hacks, Kunert
Weltruhm.

**Mario Leis**, geb. 1963, lebt als Literaturwissen-
schaftler in Bonn. Zuletzt bei Reclam Leipzig
erschienen *Mythos Aphrodite*, RBL 1693, und
*Sport. Eine kleine Geschichte*, RBL 20065.
**Patrick Sourek**, geb. 1971, unterrichtet an
einem Gymnasium in Köln.

# Mythos Herkules

Texte von Pindar bis Peter Weiss

Herausgegeben von Mario Leis
und Patrick Sourek

RECLAM
LEIPZIG

© Reclam Verlag Leipzig, 2005
Reclam Bibliothek Leipzig, Band 20126
1. Auflage, 2005
Reihengestaltung: Gabriele Burde
Umschlaggestaltung: Gabriele Burde unter Verwendung
einer Abbildung des Herakles Farnese, römische Kopie nach
einem Werk des Lisyppos, um 330 v. Chr.,
Nationalmuseum Neapel
Mit 3 Abbildungen
Gesetzt aus ITC Slimbach
Satz: Barbara Gomon, Leipzig
Druck und Bindung: Reclam, Ditzingen
Printed in Germany
ISBN 3-379-20126-X

www.reclam.de

# Inhalt

»Seine Geburt war glänzend«

»Ein wahrer Held nimmt niemals Abschied«

## »Er hat nur eine raue Schale, aber sein Herz ist gut«

## »Herakles, ein armer Schatten«

# »Seine Geburt war glänzend«

# Herkules

Seine Geburt war glänzend. Irr' ich nicht, so entstammte er einem unehelichen Verhältnis. Er war der Sohn einer Fürstin und Abkömmling eines Gottes. Zeus, sein Vater, schlich eines Nachts zur Gattin Amphitrions, um sich zu belustigen, was ihm ja denn auch gelang. Der Junge legte frühzeitig Proben einer bemerkenswerten Stärke ab. Er trieb wohl mit Vorliebe Sport, und so weiter. Wie's mit seiner Erziehung war, wissen wir nicht. Vielleicht ging er gar nicht mal zur Schule. Uns scheint, er müsse mehr auf körperliche als auf geistige Entwicklung Wert gelegt und eher bloß Arme und Beine als den Kopf in Bewegung gesetzt haben. Seine Bildung war wohl ziemlich lückenhaft. Fest steht immerhin, daß er Riesenarbeit leistete, denn er häufte Werk auf Werk. So hat er z. B. einen Stall gründlich gereinigt. Heutzutage würde freilich hieraus wenig Wesens gemacht. Ferner säuberte er eine weitläufige Landschaft mit der ihm eigenen Energie von allerlei unnützem Gesindel, bekämpfte mit Erfolg einen Löwen und legte einen Wegelagerer lahm, der die Reisenden belästigte, indem er mit ihnen verfuhr, wie sie's ungern genug erlebten. Als der Athlet genug getan zu haben glaubte und sich, von Strapazen ermüdet, nach dem zweifellos wohlverdienten Ruhestande sehnte, traf es sich, daß er zu einer Dame kam, die ihn ungemein umstrickte. Der berühmte Kämpfer trug nun Wasser, strickte Strümpfe, schüttelte Kissen, schälte Kartoffeln. Ach, welch ein Fall! Doch wozu klagen? Er, der die Schrecknisse besiegte, große Taten vollführte, fand nun am Geschirrabwaschen Geschmack, hielt sich artig zu Hause auf und gehorchte einem zarten Frauchen. Ein Unbändiger wurde sanftmütig und sittsam. So was kann vorkommen. Gescheh' nichts Böseres! –

*1920*

# Götterlehre

*Herkules*

Der erste tragische Dichter der Griechen läßt den Prometheus, der, an den Felsen geschmiedet, der unglücklichen Io seine Leiden klagt, die Geburt seines Befreiers, des Herkules, vorherverkündigen.

Io, welche, in eine Kuh verwandelt, durch Junos Eifersucht auf dem ganzen Erdkreise in rasender Wut umhergetrieben wurde, kam nämlich auch in die einsame Gegend, wo Prometheus duldete, der alle ihre Schicksale ihr enthüllte und ihr kundtat, einer ihrer Nachkommen, der dreizehnte von ihr, werde sein Erretter sein. Die dreizehn in ununterbrochener Geschlechtsfolge aber sind Io, Epaphus, Libya, Belus, Danaus, Lynceus, Abas, Akrisius, Danae, Perseus, Alcäus, Alkmene, Herkules.

Zwei der furchtbarsten Erzeugungen des Phorkys und der schönen Ceto sind schon vom Perseus und Bellerophon überwunden; allein die größten Taten sind dem Herkules aufgespart, der Ungeheuer besiegen, Tyrannen beugen und selbst der Ungerechtigkeit des Donnergottes ein Ziel setzen muß, indem er den Prometheus, der für seine den Menschen erwiesenen Wohltaten noch immer büßen mußte, endlich von seiner Qual befreit.

In die irdische Abstammung des Herkules hatten die Parzen sein künftiges Schicksal schon verwebt; zum Herrschen geboren, wurd' er durch die Macht der Fügung gezwungen, zu gehorchen und seine glorreichsten Taten auf den Befehl eines Schwächeren, der ihn fürchtete, zu vollführen.

Elektryo, Sthenelus, Alcäus, Mestor waren die Söhne des Perseus. Elektryo folgte dem Perseus in der Regierung zu Mycene. Die Kinder des Alcäus waren Anaxo und Amphitryo. Mit der Anaxo vermählte sich Elektryo, der zu Mycene herrschte, und erzeugte mit ihr Alkmenen, die Mutter des Herkules.

Amphitryo, der Sohn des Alcäus, welcher wegen seiner Schwester Anaxo dem Elektryo nun doppelt verwandt war, lebte an dessen Hofe und hatte die sicherste Hoffnung, in der Regierung ihm zu folgen, weil Elektryo seine Tochter Alkmene, die nächste Erbin seines Reiches, mit dem Amphitryo zu vermählen schon fest beschlossen hatte.

Allein schon schwebte der unglückliche Zufall näher, der dem Amphitryo seine Aussichten vereitelte und in der Folge auf das Schicksal des Herkules einen dauernden Einfluß hatte. Taphius nämlich, ein Enkel des Mestor, eines Sohns des Perseus, errichtete auf der Insel Taphos eine Pflanzstadt, deren Bewohner sich wegen der weiten Entfernung von ihrem Vaterlande auch Teleboer nannten.

Nach dem Tode des Taphius machte dessen Sohn und Nachfolger Pterelaus wegen seiner Abstammung vom Mestor, einem Sohne des Perseus, Ansprüche auf seinen Anteil an der Erbschaft von Mycene und schickte seine Kinder dahin, um seine Forderung geltend zu machen.

Als Elektryo sich weigerte, etwas herauszugeben, so verwüsteten die Söhne des Pterelaus mit ihrem Volke das Land und führten des Königs Herden hinweg. Die Söhne des Elektryo versammelten nun auch ein Heer und ließen sich mit den Söhnen des Pterelaus in ein Treffen ein, worin die Anführer von beiden Teilen umkamen, so daß von den Söhnen des Elektryo nur der einzige Lycimnus und von den Söhnen des Pterelaus nur der einzige Everes übrigblieb.

Elektryo, um den Tod seiner Kinder zu rächen, überließ seiner Tochter Alkmene und dem Amphitryo die Regierung mit dem Versprechen, dem Amphitryo seine Tochter zu vermählen, sobald er von den Teleboern siegreich zurückkehren würde.

Er kehrte siegreich zurück und brachte auch die Herden wieder, welche die Feinde ihm geraubt hatten. Amphitryo, nun seines Glücks gewiß, eilte ihm freudenvoll entgegen; und als von der wiedereroberten Herde eine Kuh entspringen wollte, warf Amphitryo mit einer Keule nach ihr – und traf den Elektryo, welcher tot darniederfiel.

Dieser unglückliche Zufall war es, der den Amphitryo des Königreichs Mycene beraubte und zugleich zu dem künftigen Schicksal des Herkules den ersten Grund enthielt. Denn obgleich die Tat des Amphitryo unvorsätzlich war, so lud sie doch den Haß des Volks auf ihn.

Sthenelus, der Bruder des erschlagenen Elektryo, bemächtigte sich daher mit leichter Mühe der Oberherrschaft über Mycene, und Amphitryo flüchtete nach Theben, wohin ihm Alkmene folgte. Kreon, der zu Theben herrschte, nahm beide in Schutz. Alkmene aber wollte sich mit dem Amphitryo nicht eher vermählen, bis er, um den Tod ihrer Brüder zu rächen, die Teleboer aufs neue bekriegt und den Pterelaus überwunden hätte.

Amphitryo trat mit dem Cephalus, Eleus und einigen andern benachbarten Fürsten in ein Bündnis, um die Inseln der Taphier oder Teleboer zu bekriegen. Pterelaus wurde besiegt, und Amphitryo schenkte die eroberten Inseln seinen Bundesgenossen, wovon die eine, welche noch itzt Cefalonia heißt, von dem Cephalus ihren Namen Cephalene erhielt.

Alkmenens Reize hatten indes den Donnergott von seinem hohen Sitze herabgezogen. In der Gestalt des Amphitryo, der nun siegreich zurückkehrte, genoß er ihrer Umarmung und verlängerte zu einer dreifachen Dauer die Nacht, worin er den Herkules mit ihr erzeugte. –

Unbeschadet der Ehrfurcht gegen das Göttliche und Erhabene, benutzten die komischen Dichter der Alten diesen Stoff, indem sie das lächerliche Verhältnis des wahren Amphitryo gegen den Jupiter in der Gestalt desselben auf der Schaubühne darstellten und beide darauf erscheinen ließen. Die komische Muse der Alten durfte es sich erlauben, in dergleichen kühnen Darstellungen selbst mit dem Donnergott zu scherzen, der zu den Töchtern der Sterblichen sich herabließ. –

Dem Amphitryo, der auf Alkmenen zürnte, gab Jupiter endlich selber, um ihn zu besänftigen, seine Gottheit zu erkennen; und indes Alkmene nun zugleich mit dem Herkules und mit einem Sohne des wirklichen Amphitryo schwanger war und dem Sthenelus, der zu Mycene herrschte, ebenfalls ein Sohn geboren werden sollte, ging folgendes im Rate der Götter vor:

An dem Tage nämlich, an welchem Herkules geboren werden sollte, sprach Jupiter rühmend in der Versammlung der Götter: »Heute, alle ihr Götter und Göttinnen, verkündige ich euch, wird aus dem Geschlechte der Menschen, das von mir abstammt, ein Held geboren werden, der über alle seine Nachbarn herrschen wird.«

Listen ersinnend, sprach die hohe Juno: »Ich zweifele dennoch an der Erfüllung deiner Worte, wenn du nicht mit dem unverletzlichen Schwur der Götter schwörst, daß derjenige, welcher heute aus dem Geschlechte der Menschen, das von dir abstammt, geboren wird, über alle seine Nachbaren herrschen soll.«

Kaum hatte Jupiter den unverletzlichen Schwur getan, als Juno den Olymp verließ und schon in Argos war, wo die Vermählte des Sthenelus erst im siebenten Monate mit dem Eurystheus schwanger ging, dessen Geburt die mächtige Juno schnell beförderte, obgleich die Zahl der Monden noch nicht voll war. Alkmenens Niederkunft aber hielt sie auf und kehrte nun triumphierend zum Olymp zurück.

»Nun ist schon der Held geboren«, sprach sie zum Jupiter, »der die Argiver beherrschen wird. Er ist aus dem Geschlechte der Menschen, das von dir abstammt; denn es ist Eurystheus, ein Sohn des Sthenelus, dessen Vater Perseus, dein Erzeugter, war. Keinem Unwürdigen ist also das verheißne Königreich beschieden.«

Da nun Jupiter seinen Schwur nicht zurücknehmen und sich an der Juno nicht rächen konnte, so ergriff er die Ate oder die schadenstiftende Macht, welche eine Tochter des Jupiters selber mit in der Reihe der Götter war, bei ihrem glänzenden Haar und schleuderte sie vom Himmel zur Erde herunter mit dem unverbrüchlichen Schwur, daß sie nie zum Olymp zurückkehren solle; seitdem wandelt sie über den Häuptern der Menschen einher und säet, wo sie kann, Verderben und

Zwietracht aus; wenn daher Streitende sich versöhnten, so schoben sie auf die Ate den Anfang des Zwistes.

Das Schicksal selber hatte dem Herkules die härtesten Prüfungen zugedacht, welche Götter und Menschen nicht hintertreiben konnten. Eurystheus war nun durch den Schwur des Jupiter zum Herrscher geboren, und durch ebendiesen Schwur gebunden, konnte Jupiter seinen geliebten Sohn von der harten Dienstbarkeit nicht befreien.

Alkmene gebar zwei Söhne, den Herkules vom Jupiter und den Iphikles von ihrem Gemahl Amphitryo. Wer von beiden der Sohn des Donnergottes sei, offenbarte sich schon, da noch ein hohler Schild, den Amphitryo vom Pterelaus erbeutet hatte, die Wiege der Kinder war und Juno zwei Schlangen schickte, die den Herkules töten sollten, der sie mit seiner zarten Hand in der Wiege erdrückte.

Nun legte Jupiter, da er einst die Juno schlummernd fand, den Herkules ihr an die Brust, und dieser sog, ihr unbewußt, die Göttermilch. Als aber Juno erwachte, so schleuderte sie den kühnen Säugling weit von sich hinweg und verschüttete auf des Himmels Wölbung die Tropfen Milch, die ihrer Brust entfielen und deren Spur die Milchstraße bildete, auf welcher die Götter wandeln. –

Die Dichtung wird hier kolossal; der Luftkreis selber, durch welchen die Sterne schimmern, tritt als der Juno erstes Urbild auf und färbt sich von der Milch, welche den Brüsten der hohen Himmelskönigin entströmte; jenes Urbild wurde vorausgesetzt, wenn die Dichtung den weißlichten Streif am Himmel die Milch der Juno nennt. –

Auf Jupiters Befehl mußte Merkur nun den Herkules seinen Erziehern übergeben, die ihn in den kriegerischen sowohl als in den sanften Künsten unterwiesen. Unter den Lehrern und Erziehern des Herkules waren selbst Göttersöhne; in der Musik unterwies ihn Linus, ein Sohn des Apollo; Chiron, der weise Centaur, in der Arznei- und Kräuterkunde. In den kriegerischen Künsten waren die berühmtesten Helden der damaligen Zeit in jedem besondern Fache seine Lehrer.

Da nun Herkules unter diesen Beschäftigungen zu den Jünglingsjahren gekommen war, begab er sich einst, über sein künftiges Schicksal nachdenkend, in die Einsamkeit und setzte sich, in Betrachtungen vertieft, auf einem Scheidewege nieder. Hier war es, wo die Wollust und die Tugend ihm erschienen, wovon die erstre ihm jeglichen Genuß einer frohen, sorgenfreien Jugend anbot, wenn er ihr folgen wollte, die letzte ihm zwar mühevolle Tage verkündigte; aber in der Zukunft Ruhm und Unsterblichkeit verhieß, wenn er sie zur Führerin wählte.

Die Tugend siegte in diesem Wettstreit; der Jüngling folgte ihr mit sicherm Schritt, fest entschlossen, jedes Schicksal, das ihm bevorstehe, mit Mut und Standhaftigkeit zu tragen, sich keiner Last zu weigern und keine Arbeit, sei sie noch so schwer, zu scheuen. –

Die Eifersucht der Juno, die nicht ruhte, hatte schon dem Amphitryo selber Furcht und Argwohn eingehaucht, der den jungen Herkules an den Hof des Eurystheus nach Mycene schickte, wo ihm von Zeit zu Zeit die gefährlichsten Unternehmungen und die ungeheuersten Arbeiten aufgetragen wurden, die seinen Mut und seine Standhaftigkeit auf die höchste Probe setzten.

Als nun Herkules auf seiner Reise das Orakel zu Delphi wegen seines künftigen Schicksals fragte, so gab die Pythia ihm zur Antwort: zwölf Arbeiten müsse er auf des Eurystheus Befehl vollenden, und wenn er diese vollendet habe, sei ihm die Unsterblichkeit bestimmt.

*1791*

PINDAR

## Für Chromios aus Syrakus und seinen Sieg im Wagenrennen

1  Heilige Stätte, wo Alpheios aufatmete, / des berühmten Syrakus blühender Teil, Ortygia, / Ruhelager der Artemis, / Delos' Schwester, für dich schickt sich mit süßen Worten / der Hymnus an, ein Lob zu spenden, / ein reiches, auf die windschnell laufenden Rosse, für Zeus von Aitnai zum Dank. / Der Wagen des Chromios drängt und Nemea, auf die Taten, die Sieg brachten, ein preisendes Lied anzuspannen. / Die Anfänge aber sind gelegt von den Göttern / zugleich mit jenes Mannes wunderbaren Leistungen. / Doch liegt im Augenblick des Erfolgs die ganze Höhe des Ruhms. Großer Kämpfe / liebt die Muse zu gedenken. / Verbreite nun ein Leuchten auf der Insel, die Olymps Gebieter / Zeus geschenkt hat der Persephone, und er nickte ihr zu mit seinen Locken, er werde die Insel, die sich auszeichnet auf der fruchtreichen Erde, / das fette Sizilien, aufrichten und bekrönen mit reichen Städten. / Und es verschaffte der Kronossohn der Insel Männer, die Krieg, mit erzenen Waffen geführt, im Sinne haben, / kundig, vom Pferd aus die Lanze zu führen, aber auch oftmals der goldenen Blätter der Oliven aus Olympia / teilhaftige. Für vieles traf ich die Gelegenheit, ohne Lügen mein Lob auszuteilen.

2  Ich trat an des Hofes Tore / eines gastfreundlichen Mannes, Schönes singend, / wo mir ein geziemendes / Mahl bereitet ist, ist doch vielfach im Umgang mit Freunden / nicht unerfahren das Haus. / Es gilt für die Tadler der Tüchtigen, daß sie Wasser gegen Rauch tragen. / Jeder hat andere Fähigkeiten: aber auf geraden Wegen muß man gehen und kämpfen nach seiner Art. / Im Tun nämlich hat Erfolg die Kraft, / im Beraten die Einsicht, bei denen die Voraussicht von Künftigem / von Geburt an Begleiterin ist. / Hagesidamos' Sohn, aufgrund deines Wesens / vermagst du dich der einen wie der anderen Fähig-

keit zu bedienen. / Ich mag nicht vielen Reichtum in der Halle verborgen halten, / sondern von dem, was ich habe, zu eigenem Wohlergehen und eigenem Ansehen den Freunden austeilen. Denn gemeinsamen Wegs ziehen die Hoffnungen / der sich abmühenden Menschen. Ich aber halte mich an Herakles, getrost mich ihm zuwendend, / wenn es um die Krönung großer Leistungen geht, und mache die alte Rede von seinem Ruhm lebendig, / wie er, nachdem er eben aus den Eingeweiden der Mutter hervor in die sichtbare Helle gekommen war, der Sohn des Zeus, / die Geburtsschmerzen der Mutter hinter sich gelassen hatte, er und sein Zwillingsbruder.

3  wie er, nicht ohne daß die goldthronende / Hera es merkte, sich niederließ in der krokusfarbigen Windel. / Und der Götter Königin / wallte auf bitter und sandte Schlangen augenblicklich. / Die Türen waren offen, und diese / drangen ein in des Schlafgemachs weiten inneren Raum und hatten es darauf abgesehen, sich mit ihren behenden Kiefern / um die Kinder zu schlingen. Doch da streckte er seinen Kopf in die Höhe und unternahm seinen ersten Kampf: / beide packte er an den Hälsen mit seinen beiden / Händen, denen die Schlangen nicht entrinnen konnten: / er würgte sie so lange, bis er / das Leben herausgedrückt hatte aus den unbeschreiblichen Leibern. / Und unerträgliche Angst / betraf da die Frauen alle, die sich zu schaffen machten an Alkmenes Bett. / Denn auch sie sprang mit den Füßen ohne Kleid vom Lager, um wie auch immer zu helfen gegen den frechen Angriff der Ungeheuer. / Schnell liefen der Kadmeer Führer herbei, mit erzenen Waffen allesamt, / und Amphitryon, in der Hand das Schwert schwingend, das er aus der Scheide gezogen, / kam, von schmerzendem Weh gestachelt. Denn das Eigene bedrückt jeden gleich, / schnell verläßt die Sorge das Herz bei fremdem Leid.

4  Und er trat hin mit schmerzlicher Erwartung / und zugleich mit freudigem Erstaunen. Denn er sah den unüblichen / Willen und die unübliche Kraft / seines Sohnes. Und

verkehrt gesprochen erwiesen die Götter / der Boten Nachricht. / Den Nachbarn rief er her, des höchsten Zeus außerordentlichen Künder, / den richtig deutenden Teiresias: dieser sagte ihm und der ganzen Versammlung, von welcher Art das Geschick sei, worin sich der Sohn bewähren werde, / wie viele er auf dem Lande töten werde, / wie viele auf dem Meer, Ungeheuer, die nichts von Recht wissen, / und daß er einen, der unter den / Männern auf krummem Weg übermütig gehe, dem bittersten / Tod überantworten werde, sagte er. / Denn auch wenn die Götter in der Ebene von Phlegra den Giganten in der Schlacht / begegnen, werde vom Wurf seiner Geschosse das leuchtende Haar der Erde besudelt werden, / sagte er. Er selbst freilich werde in Frieden für alle Zeit immerfort / Ruhe erlosen, für die großen Mühen zum erhabenen Lohn / in seligen Häusern, werde empfangen Hebe zur strahlenden Gemahlin, Hochzeit / schmausend begehen bei Zeus, dem Sohn des Kronos, und werde die erhabene Ordnung preisen.

*ca. 476 v. Chr.*

BENEDIKT JOSEF MARIA VON KOLLER

## Herkules

*Erstes Buch*

*Antecedentia, concomitantia, et subsequentia,* oder
Herkules vor, in, und nach der Geburt

Will von dem starken Herkules
    Ein Helden-Karmen singen,
Und seinen Lauf, gelingt mir es,
    In feine Reimlein bringen.

Drum leih' Aeol mir einen Wind,
Den grossen Ritter vorn, und hint
   Par Force auszuposaunen.

Dann will ich singen, was die Kraft
   Allmächtig überwindet,
Bis Geist, und Trieb, und Lebenssaft
   Mit Fleisch, und Mark verschwindet,
Wenn, wie von der Tarantel Stich,
Das inficirte Leben sich
   Im Tanz mit Weibern siechet.

Fürst Jupiter der wackre Mann
   Beschlief Madam Alkmene,
Zu gleicher Zeit, nach Junos Plan,
   Empfieng auch zu Mizene
Das Weib des edlen Sthenelus
Den Prinzen Euristheus,
   Und schwoll in dicker Hoffnung.

Zerrauft, das Angesicht voll Schweiß,
   Die Knie abgebrochen,
Kam Zevs zurück ins Paradeis,
   Und litt an Herzenpochen.
Er rief den Eskulapius,
Und ließ pro imbecillibus
   Die Waisenkinder bethen.

Drauf legt er sich, so lang er war
   Auf eine Himmelspflaume;
Alkmene mit dem Rabenhaar
   War sein Geschäft im Traume.
Er schnarcht, und Gattinn Juno flucht
Mit einem Bauch voll Eifersucht,
   Und schwört ihm gleiche Hörner.

Durch einen Traum erlaubt sie ihm
    Die Mystica zu sehen
Wornach die Menschen ungestüm,
    Und immer fruchtlos spähen.
Sie zeigte ihm das Wunderding,
Das noch ein anders Weib empfieng
    Zur nämlichen Sekunde.

Und schlafend schwur es der Signor,
    Was die Signora wollte,
Daß jenes Kindlein, das zuvor
    Gebohren werden sollte,
Das andere in Sklaverey
Mit Züchtigung, und Tyranney
    Recht chagriniren müße.

Wer nun zu erst gebohren ward,
    War das Mizener-Frätzchen,
Doch gab's zuvor noch ein Hazard
    Mit Thebens Kammerkätzchen;
Denn Juno war verzweifelt bös
Auf die Geburt des Herkules,
    Und suchte sie zu hindern.

Da kam sie zu Galanthiden,
    Und fragte sie recht herrisch:
Ist die Entbindung schon geschehn? –
    »Sie fragen doch ganz närrisch!
»O ja, sie ist schon lang vorbey
Man braucht ja doch nach einem Ey
    Nicht Jahre lang zu gackern.

Sankt Juno sah die Lüge ein,
    Mit der man sie behandelt,
Und schnell ward in ein Wieselein
    Galanthide verwandelt,

Woher es dann wohl kommen mag,
Daß noch bis auf den heut'gen Tag
　　Die Kammerjungfern pfeifen.

Der Monate im siebenten
　　Gebahr schon zu Mizene
Die Fürstinn, doch im zehenten
　　Erst Jupiters Alkmene.*
Potz schwere Noth! das war ein Schmähn,
Als Zevs sein Kind dem anderen
　　Blatt subjugiren mußte.

Da Herkules mit Stiergeplärr
　　Aus seiner Mutter stiege,
Die halb verschied, durchdrückte er
　　Den Boden seiner Wiege,
Denn als er kaum gebohren war,
Wog er schon wirklich auf ein Haar
　　Zween ehrenfeste Zentner.

Sonst werden alten Mütterchen
　　Mit rothgezerrten Augen;
Und faulen Mund, die Kinderchen,
　　Die noch die Brüste saugen,
Vertraut, doch hatte Vaters Weib
Zum kuriösen Zeitvertreib
　　Ein anderes verordnet.

Als Herkules in erster Nacht
　　Zu schlummern angefangen,
Da krochen in gefleckter Tracht
　　Zu ihm zwo grosse Schlangen,

* Jupiter sah, daß Amphitruo, der Gatte Alkmenes ein berühmter
Handelsmann eben nach Ostindien in die See stieß. Schnell verwandelte er sich in den Amphitruo, und den Merkurius in seinen Hand-
lungsdiener, und spielte in dieser Masque bey Alkmene, moraliter den
Stier, den er ehedem bey der Europa physice gespielt hatte.

20

Die wanden geiferträufend sich
Um seine Wiege fürchterlich,
      Und knirschten mit den Zähnen.

Seyd ihr schon da, ihr Bestien?
      Dacht' er, und rang mit ihnen,
Du mordetest Euridizen,
      Und du verworrst die Sinnen
Der Eva, daß sie Aepfel fraß –
Wart! Büßen sollt ihr mir den Spaß,
      Verdammte Hundsgesichter!

Drauf griff er jede bey dem Kopf,
      Und schlug aus ihnen Feuer,
Da flochten beyde einen Knopf,
      Und pfiffen ungeheuer.
Er aber machte nicht viel Tand,
Und drückt' mit seiner starken Hand
      Das Hirn aus ihren Schalen.

Da ward nun gleich mit Extrapost
      An Jupitern berichtet,
Wie Herkules zu Milords Trost
      Die Schlangen hingerichtet.
Von ihm ward Juno dann erweicht,
Daß sie dem Kind die Brust gereicht,
      Um es zum Gott zu säugen.

Schnell ward in einem Luftballon
      Es weiter praktiziret,
Und recta zu der Juno Thron
      Im Himmel transportiret.
Da reichte sie ihm ihre Brust,
Das Kindlein sog nach Herzenslust
      Auf einen Zug zween Eimer.

Ach! schrie die Götterköniginn,
    Was ist das für ein Lümmel!
Meynt er, daß ich ein Bierfaß bin? –
    Und warf ihn aus den Himmel.
Da wurde nun, wie es geschieht,
Wenn man im Trunk zu heftig zieht,
    Ein Eimer Milch verschüttet.

Wer diese Wahrheit widerspricht,
    Der geh' hinaus, und sehe,
Wie eine Strasse hell, und licht
    Des Nachts am Himmel stehe;
Milchstrasse heißt sie überall,
Und ihr Entstehn war dieser Fall
    Auf Cavaliers Parole.*

Doch damit nicht Tyrintius**
    Im Fall' den Kopf zerschlüge,
War schon bereit Merkurius,***
    Der ihn nach Thebe trüge,
Wo er in's Knabenalter tratt,
Und sich doch niemal völlig satt
    Den Tag hin fressen konnte.

Den Unterricht im Singen gab
    Ihm Linus mit der Zitter,
Doch setzt' es einmal Zanken ab –
    Da schlug er sie in Splitter
    An seines groben Lehrers Kopf,

---

* Dieser Ausdruck steht nicht hier, die Parolle herabzusetzen, son-
dern nur der Strophe ein adeliches Ansehen zu geben.
** Ein Beynamen des Herkules.
*** Jupiters Kanzleyboth, und Schutzpatron aller Bothen, Lügner,
Zeitungsschreiber, Journalisten, Advokaten, Politiker, Betrüger, Han-
delsleute, Schneider, und Diebe.

Daß unter über sich der Tropf
  Maustodt zu Boden fiele.

Dann kam er in die Sklaverey
  Des Fürsten von Mizenen,
Und raufte sich durch allerley
  Fatale Teufels-Scenen.
Zwölf Jahre war er kondemnirt,*
Die er mit Ehre absolvirt,
  Wie wir bald sehen werden.

*1786*


CHRISTOPH MARTIN WIELAND

## Göttergespräche


I.
HERKULES, JUPITER.

HERKULES. Ist es erlaubt, Herr Vater, weil wir hier unter vier
  Augen sind, eine etwas freie Frage zu tun?
JUPITER. Frage was du willst, mein Sohn.
HERKULES. Ich hätte schon lange gern gewußt, ob es denn auch
  wirklich wahr ist, daß du, wie die guten Menschlein da
  unten sich schmeicheln, so gar großen Anteil an ihrem Be-
  finden nimmst, dich in alle ihre Händel mengest, über alle
  ihre Wünsche und Bitten ein Register hältst, und kurz, die
  Welt bloß um ihrentwillen regierest?
JUPITER. Da fragst du mich viel auf einmal, mein Sohn! und ich

---

* Nach Xenophons Meynung wäre dieser Zeitraum gerade das Alter,
in welchem sich Herkules in das Einsame des Haines schlich, und
lange am Scheideweg herumwankte.

würde nicht einem jeden so offenherzig antworten wie dir. Allein vor dir, der mir immer unter meinen Söhnen der liebste war, vor dir hab ich kein Geheimnis. Also, was die Weltregierung anbelangt, die, *indem er den Kopf gegen das Ohr des Herkules neigt, leise,* die – ist meine Sache nie gewesen.

HERKULES *macht ein Paar große Augen an ihn.* Das wäre! Und wer regiert sie denn wenn Du sie nicht regierst?

JUPITER. Höre, lieber Herkules, mehr als ich selbst weiß, mußt du mich nicht fragen! Ich habe mich nie viel mit Metaphysik abgegeben; auch wäre wenig Gewinn für mich dabei. Jeder hat nun einmal seinen Wirkungskreis; ich habe den meinigen; und es ist schon etwas lange her, daß ich mich gewöhnt habe, was ü b e r   m i r  ist als etwas, das nicht in mein Fach gehört, zu betrachten. Die Welt, mein guter Schlangenwürger, ist um ein namhaftes Teil größer als du dir einzubilden scheinest. Mir ist noch nie eingefallen, sie ausmessen zu wollen: aber das kannst du mir sicher nachsagen, daß der Distrikt, der mir und meiner Familie zu besorgen zugefallen ist, im Ganzen noch lange nicht so viel Raum einnimmt, als das kleine Königreich T h e s p i a , wo du an dem Löwen von C i t h ä r o n  und an den funfzig Töchtern des T h e s p i u s  deine erste Heldenprobe abgelegt hast.

HERKULES. Was die letztern betrifft, Herr Vater, damit ging es so natürlich zu, daß es sich nicht der Mühe verlohnte, mir ein Kompliment darüber zu machen, wenn die närrischen Kerle, die Poeten, eine Sache lassen könnten wie sie ist. – Doch, ich bitte um Verzeihung, daß ich dir in die Rede gefallen bin.

JUPITER. Ich habe mir die Sache nie anders als just so natürlich gedacht, wie du es zu verstehen gibst. Es bleibt immer eine Tat, deren sich ein Sohn Jupiters nicht zu schämen hat, und die dir keiner so bald nachtun wird. Also, um wieder auf das vorige zu kommen, das Dörfchen Thespia, wo der Großvater deiner funfzig Söhne König war, machte damals eine sehr kleine Figur auf dem Erdboden; und doch war dieses nämliche Königreich Thespia vielleicht ein zehentausendmal tausendmal größerer Teil vom Erdboden, als der Planeten-

24

kreis, den ich regiere, von dem Ganzen ist, welches wir in unserer Göttersprache – an die du dich nun gewöhnen mußt – die Welt nennen. Höher, lieber Alcid, wollen wir uns diesmal in das Geheimnis des Universums nicht versteigen.

HERKULES. Dein Anteil ist noch immer ansehnlich genug, Jupiter –

JUPITER. Um in unsern eignen Augen etwas zu sein, müssen wir uns immer mit kleinern messen.

HERKULES. Es ist also, trotz dem naseweisen Schäker, der neulich zu Athen das Gegenteil behaupten wollte, doch wahr, daß du der höchste Beherrscher der Menschen bist, und eine unmittelbare Aufsicht über ihre Angelegenheiten führst?

JUPITER. Wahr und nicht wahr, wie du es nehmen willst.

HERKULES. Wahr und nicht wahr? – Ich wüßte nicht wie ich das nehmen sollte. Du treibst deinen Scherz mit mir.

JUPITER. Und was sagte denn der naseweise Kerl zu Athen?

HERKULES. Als ich neulich im Vorbeigehen meinen Tempel im Cynosarges einen Augenblick besuchte, hörte ich einen halb nackten breit geschulterten Burschen, dem die Haare in dicken Zotteln um die Stirne hingen, mit einem hagern ziegenbärtigen alten Manne über diese Sache sehr hitzig disputieren. »Da müßte Jupiter viel müßige Zeit haben«, sagte jener, »wenn er sich um alle die albernen und einander widersprechenden Bitten bekümmern sollte, die alle Augenblicke aus allen Winkeln des Erdbodens zu ihm abgeschickt werden.«

JUPITER. Der Mensch hatte so unrecht nicht!

HERKULES. »Ist es«, fuhr er fort, »nicht unverschämt, daß ein jeder Pinsel sich träumen läßt, der König der Götter und der Menschen sei nur darum da, sein ewiger Geschäftsträger, Hausverwalter, Küchen- und Kellermeister, Reisemarschall und Obersteuermann, kurz, sein Alles in allem zu sein, und immer auf der Lauer zu stehen, um zu sehen, wo und wann ein jeder, der zu träg oder zu ungeschickt ist sich selbst zu helfen, seiner Dienste nötig habe?«

JUPITER. Der Mann sprach ja lauter Gold, mein Sohn! Ich muß mir den Menschen in meine Schreibtafel notieren. Hörtest du nicht wie er sich nannte?

HERKULES. Sie hießen ihn Menipp, wenn ich recht gehört habe.

JUPITER. Den kenn ich! Einer der bissigsten Cyniker, aber ein Bursche von so hellen Augen und einer so feinen Nase, als jemals einer seines gleichen gehabt hat.

HERKULES. »Und wenn auch (fuhr er fort) Jupiter so übermäßig gefällig wäre, und sich zu allem brauchen lassen wollte, so muten ihm die Leute offenbar mehr zu, als er, mit dem besten Willen, tun kann.«

JUPITER. Nur zu wahr! nur gar zu wahr!

HERKULES. Wie, Vater Jupiter? du kannst nicht alles was du willst?

JUPITER. Was ich will? Das kann ich freilich, mein guter Herkules! und weißt du warum?

HERKULES. Warum sonst als weil du Jupiter bist?

JUPITER. Schlecht geraten, mein Sohn! Ich kann was ich will, weil ich nichts will als was ich kann.

HERKULES. Du kannst also, wie ich höre, nicht alles?

JUPITER, *lächelnd.* Es liegt bloß an einem paar Kleinigkeiten, über die ich noch nicht habe Meister werden können.

HERKULES. Und die sind? –

JUPITER. Fürs erste, daß ich mit aller meiner Allgewalt nicht zuwege bringen kann, daß zweimal zwei mehr oder weniger als vier wären; und dann, daß ich, so bald die ganze Ursache von einem Dinge da ist, nicht verhindern kann, daß im nämlichen Augenblicke nicht auch die Wirkung erfolge. Du kannst dir nicht einbilden, mein Sohn, in was für enge Grenzen meine Allmacht bloß durch diese zwei fatalen Schlagbäume eingeschränkt wird.

HERKULES. Wie? wenn jemand deinem großen Stellvertreter zu Olympia mit einem Skythischen Weidmesser die Nase abhauen wollte, könntest du ihm den Arm nicht zurückhalten?

JUPITER. Wenn ich gleich neben ihm stände und es zu rechter Zeit gewahr würde, allerdings. Aber bis ich von hier aus zu Olympia angelangt wäre, könnte das ganze herrliche Werk des Phidias in tausend Stücke zerschlagen sein.

HERKULES. Und wofür schmieden dir denn die Cyklopen Jahr aus Jahr ein so viele Donnerkeile?

JUPITER. Du begreifst doch, daß ich nicht immer mit zehntausend Donnerkeilen in der Faust dastehen werde, um sie überall hinzuschleudern, wo sie nötig wären. Und wenn ich es auch tun wollte, so könnte ich doch nicht machen, daß etwas, das einmal geschehen ist, nicht geschehen wäre.

HERKULES. Aber du kannst doch machen, daß es nicht geschieht.

JUPITER. Ja, insofern die Ursache, wodurch es geschieht, nicht vorhanden ist.

HERKULES. Eben die Ursache, meine ich, ist es, mit der du es zu tun hast. Du mußt sie verhindern Ursache zu werden.

JUPITER. Aber wenn sie es nun einmal ist?

HERKULES. Mit allem Respekt gesprochen, Jupiter, du machst mich ungeduldig. Als der Centaur Nessus vor meinen Augen mit der schönen Dejanira davon laufen wollte, wußte ich ihn sehr gut zu verhindern die Ursache ihrer Entführung zu werden. Ich schickte ihm einen meiner Pfeile nach, und traf ihn so richtig, daß er die schöne Beute fahren lassen mußte.

JUPITER. Das kam bloß daher, weil der Centaur Nessus zwar die Ursache war, die mit der schönen Dejanira davon lief, aber nicht die Ursache, die ihre Entführung zu Stande brachte. Sage mir einmal, als du unter den Mägden der Königin Omphale in Lydien in Weiberkleidern am Spinnrocken saßest, und ihren Pantoffel an deinen Ohren fühltest wenn du den Faden zu dünn oder zu dick zogst, glaubtest du etwa eine Rolle zu spielen, die dem Sohne Jupiters und Alkmenens große Ehre machte?

HERKULES. Nein, bei Hebens Nektarschale! das glaub ich nicht.

JUPITER. Und du konntest dich zu solchen Unwürdigkeiten erniedrigen?

HERKULES. Ich tat was ich nicht lassen konnte.

JUPITER. So? und warum das?

HERKULES. Weil mich die Liebe überwältiget hatte.

JUPITER. Und wie kam die Liebe dazu, einen Mann von deiner Stärke zu überwältigen?

HERKULES. Um Verzeihung, Jupiter! wenn du das fragen kannst, so mußt du die schöne Omphale nie gesehen haben. Es wäre wahrlich dir selbst, mit allem Respekt zu sagen, nicht besser ergangen als mir.

JUPITER. Lassen wir das! – Du gestehst also, daß die Augen der schönen Omphale Wirkungen taten, denen man nicht entgehen konnte. Und d o c h hättest du es können, mein Sohn, wenn du g e w o l l t hättest.

HERKULES. Wie hätte ich das machen sollen?

JUPITER. Das unfehlbarste Mittel, wodurch du es i h r e n Augen u n m ö g l i c h machen konntest eine so tyrannische Gewalt an dir auszuüben, war, die d e i n i g e n – zuzutun.

HERKULES. So hätte ich die Augen zutun müssen ehe ich sie sah; denn so bald ich sie e i n m a l gesehen hatte, war mirs schon unmöglich sie nicht i m m e r sehen zu wollen.

JUPITER. Du erfuhrst also bei dieser Gelegenheit, daß es Ursachen gibt, deren Wirkung sich nicht immer verhindern läßt.

HERKULES. Freilich, eine Leidenschaft wie die Liebe –

JUPITER. Die Leidenschaften der Menschen sind es eben, mein Sohn, was mir meinen Plan, wenn ich einen mit ihnen hätte, alle Augenblicke verrücken würde. Ich überlasse sie also gewöhnlich ihrer eigenen Torheit. Sie haben just Vernunft genug, es immer hinter drein zu merken, wenn sie was recht albernes getan haben, und so werden sie endlich durch lauter Torheiten klug; wiewohl meistens erst, wenn es ihnen nichts mehr helfen kann.

HERKULES. Aber, mit Erlaubnis, das ist eine sonderbare Art zu regieren, wenn ich so frei reden darf.

JUPITER. Das ist sie auch. Doch will ich damit nicht gesagt haben, daß ich durch die Kenntnis, die ich von der Natur der Menschen und der Dinge, von welchen sie abhangen, besitze, nicht im Stande sei einen gewissen Einfluß zu behaupten, und Ursachen und Wirkungen so zu leiten, wie ich es für das Ganze am zuträglichsten halte. Aber, daß ich mir Mühe geben sollte, einem jeden seinen Willen zu tun, oder ihren Dank und Beifall verdienen zu wollen, das ist mir noch nie in den Sinn gekommen.

HERKULES. Da hättest du auch ein Stück Arbeit zu verrichten, wogegen alle meine zwölf oder dreizehn weltberühmten Arbeiten nur Kinderspiel wären.

JUPITER. Es hieße das Unmögliche unternehmen, und das ist, wie gesagt, meines Tuns nicht. Um dir das begreiflich zu machen, mein Sohn, will ich nur dies einzige anführen, daß nichts in der Welt entgegengesetzter sein kann, als m e i n e Art von den Sachen zu denken und die i h r i g e.

HERKULES. Wie meinst du das eigentlich, Herr Vater?

JUPITER. Ich will dir ein kleines Beispiel geben. Neulich machte ich weiß nicht welcher Epigrammendrechsler zu Rom ein paar unverschämte Verse, um sich darüber aufzuhalten, daß ein pfiffiger Kerl, der durch C ä s a r s Gunst aus einem Barbier ein S e n a t o r und ein reicher Mann geworden war, von seinen Erben ein marmornes Grabmal bekommen hatte. »Wie«, sagte der Witzling, »der B a r b i e r  L i c i n u s soll ein Grabmal von Marmor haben, und P o m p e j u s hat nur einen schlechten Grabstein, C a t o gar keinen! W e r k a n n  d a s  s e h e n  u n d  n o c h  G ö t t e r  g l a u b e n ?« – Der Mensch bildete sich ein, ein gewaltiges Argument gegen uns aufgetrieben zu haben, und zehntausend Strohköpfe klatschten ihm Beifall zu.

HERKULES. Das war dumm von ihnen! Pompejus konnte sich, für das was er gewesen war, immer an einem Sandstein begnügen; und ein Mann wie Cato braucht gar kein Grabmal: aber der Barbier mußte eines von Marmor haben, um die Eitelkeit seiner Erben zu befriedigen, und der Nachwelt weis zu machen, daß ihr Vetter ein großer Mann gewesen sei – Das greift sich mit Händen.

JUPITER. Und gesetzt es wäre unrecht gewesen, daß Licinus ein marmornes Grabmal hatte und Cato gar keines, was ging das die Götter an? Hätte ich etwa das marmorne Grabmal zu Boden donnern, oder auf Catos Grab hinüber zaubern, oder diesem ein noch prächtigeres von Vulkan bauen lassen sollen? – Die Narren! Wenn sie ja glaubten, daß etwas über die Sache gesagt werden müsse, warum griffen sie nicht in ihren eigenen Busen? Warum sollen es die Götter entgelten, wenn die ausgearteten Römer alles Gefühl für Freiheit und Tugend, und alle Scham vor ihrem eigenen Namen verloren haben?

HERKULES. Gegen solches Gesindel wären ein paar Donnerkeile nicht übel angebracht.

JUPITER. Wo denkst du hin, Herkules? Was würde aus dem armen Menschengeschlechte werden, wenn ich alle ihre Dummheiten mit Donnerkeilen bestrafen wollte? Denn solche Urteile und solche Schlüsse höre ich alle Tage.

HERKULES. Der Kerl mit dem Zottelhaar und dem Knotenstocke hatte also doch so unrecht nicht?

JUPITER. Das brauchen wir ihm nun eben nicht so gleich ohne alle Einschränkung zuzugeben. Zwischen dir und mir ists ein andres, mein Sohn.

HERKULES. Bei dieser Gelegenheit, Herr Vater, weil ich doch (was mir selten begegnet) im Fragen bin, dürft ich nicht noch eine Frage tun?

JUPITER. Ich höre die Musen schon zur Tafel blasen; also mach es kurz!

HERKULES, *indem er Jupitern scharf in die Augen sieht.* Es betrifft einen Punkt, worüber mir niemand bessere Auskunft geben kann als Du. Ist es wirklich an dem, daß ich die Ehre habe dein Sohn zu sein, Jupiter?

JUPITER. Woher kommt dir auf einmal dieser demütige Zweifel? Hast du nicht Taten genug getan, um dich als einen Sohn Jupiters zu erweisen?

HERKULES. Aufrichtig zu reden, wenn man alles davon abzieht, was die Poeten nach Handwerksgebrauch dazu gelogen haben, so möchte ich mit dem übrigen zu Stande gekommen sein, wenn auch nur Amphitryon mein Vater gewesen wäre.

JUPITER. Das ist mehr als Amphitryon selber glaubte. Deine Mutter Alkmene konnte es mit jeder Europa, Danae, Semele und Leda aufnehmen, und ich dächte du könntest mit dem Vater zufrieden sein, den sie dir gegeben hat. Ist dirs nicht genug, daß du von den Menschen für meinen Sohn gehalten und von mir selbst nicht verleugnet wirst? Was verlangst du mehr?

HERKULES. Ich spreche mit dem Herzen in der Hand. Am Ende kann einer doch weder mehr noch weniger sein als er ist, wofür er auch von andern gehalten werden mag. Wenn ich also dem, was ich bin, die Ehre, die mir erwiesen wird, zu danken habe –

JUPITER. Nun, nun, Herr Sohn! gar zu genau müssen solche Dinge nicht berechnet werden. Auf der Geburt und den Verdiensten der Göttersöhne muß immer ein heiliger Schleier von etwas dichtem Gewebe liegen, und mit Grübeln kommt dabei nicht viel heraus. Genug, mein lieber Herkules, daß du nun einmal im Besitz der Göttertafel und der schönen Hebe bist. Beide erwarten dich. Wir wollen gehen!

*1789-1793*

31

JOHANN WOLFGANG GOETHE

# Philostrats Gemälde
*Herkules*

Um diesen ungeheuren Gegenstand nur einigermaßen übersehen zu können, fassen wir uns kurz und sagen, daß Herkules der Alkmene Sohn dem Künstler hinreiche und er sich um
alles übrige was nach und nach auf diesen Namen gehäuft
worden keineswegs umzuthun braucht.

Götter und gottähnliche Wesen sind gleich nach der Geburt vollendet, Pallas entspringt dem Haupte Jupiters gehar-
nischt, Mercur spielt den diebischen Schalk ehe sichs die
Wöchnerinn versieht. Diese Betrachtung müssen wir fest halten, wenn wir folgendes Bild recht schätzen wollen.

*Herkules in Windeln.* Nicht etwa in der Wiege und auch
nicht einmal in Windeln, sondern ausgewindelt wie oben
Mercur. Kaum ist Alkmene, durch List der Galanthis, vom
Herkules genesen, kaum ist er in Windeln, nach löblicher Am-
menweise, beschränkt, so schickt die betrogene, unversöhn-
liche Juno, unmittelbar bey eintretender Mitternacht, zwey
Schlangen auf das Kind. Die Wöchnerinn fährt entsetzt vom
Lager, die beyhelfenden Weiber, nach mehrtägiger Angst und
Sorge nochmals aufgeschreckt, fahren hülflos durcheinander.
Ein wildes Getümmel entsteht in dem so eben hochbeglück-
ten Hause.

Trotz diesem allem wäre der Knabe verloren, entschlösse
er sich nicht kurz und gut. Rasch befreit er sich von den lästi-
gen Banden, faßt die Schlangen, mit geschicktem Griff, unmittelbar unter dem Kopf an der obersten Kehle, würgt sie;
aber sie schleppen ihn fort und der Kampf entscheidet sich
zuletzt am Boden. Hier kniet er: denn die Weisheit des Künstlers will nur die Kraft der Arme und Fäuste darstellen. Diese
Glieder sind schon göttlich; aber die Kniee des neugebor-
nen Menschenkindes müssen erst durch Zeit und Nahrung
gestärkt werden, dießmal brechen sie zusammen wie jedem

Säugling der aufrecht stehen sollte. Also Herkules am Boden. Schon sind, von dem Druck der kindischen Faust, Lebens- und Ringelkräfte der Drachen aufgelößt, schlaff ziehen sich ihre Windungen am Estrich, sie neigen ihr Haupt unter Kindesfaust und zeigen einen Theil der Zähne scharf und giftvoll, die Kämme welk, die Augen geschlossen, die Schuppen glanzlos. Verschwunden ist Gold und Purpur ihrer sonst ringelnden Bewegung, und, anzudeuten ihr völliges Verlöschen, ward ihre gelbe Haut mit Blut bespritzt.

Alkmene, im Unterkleide mit fliegenden Haaren, wie sie dem Bette entsprang, streckt aus die Hände und schreit. Dann scheint sie, über die Wunderthat betroffen, sich zwar vom Schrecken zu erholen, aber doch ihren eigenen Augen nicht zu trauen. Die immer geschäftigen Weiber möchten bestürzt sich gegen einander verständigen. Auch der Vater ist aufgeregt; unwissend, ob ein feindlicher Ueberfall sein Haus ergriff, sammelt er seine getreuen Thebaner und schreitet heran, zum Schutze der Seinigen. Das nackte Schwert ist zum Hieb aufgehoben, aber aus den Augen leuchtet Unentschlossenheit; ob er staunt, oder sich freut, weiß ich nicht, daß er als Retter zu spät komme sieht er glücklicherweise nur allzudeutlich.

Und so bedarf denn dieser unbegreifliche Vorgang einer höheren Auslegung; deßhalb steht Tyresias in der Mitte, uns zu verkündigen die überschwängliche Größe des Helden. Er ist begeistert, tief und heftig Athem holend, nach Art der Wahrsagenden. Auch ist in der Höhe, nach löblichem dichterischen Sinn, die Nacht als Zeuge dieses großen Ereignisses in menschlicher Gestalt beygesellt; sie trägt eine Fackel in der Hand, sich selbst erleuchtend, damit auch nicht das Geringste von diesen großen Anfängen unbemerkt bleibe.

Indem wir nun bewundernd uns vor die Einbildungskraft stellen, wie Wirklichkeit und Dichtung verschwistert äußere That und tieferen Sinn vereinigen; so begegnet uns in den Herkulanischen Alterthümern derselbe Gegenstand, freilich nicht in so hochsinnlicher Sphäre, aber dennoch sehr schätzenswerth. Es ist eigentlich eine Familienscene, verständig gedacht und symbolisirt. Auch hier finden wir Herkules am Boden, nur hat er die Schlangen ungeschickt angefaßt, viel zu weit abwärts, sie können ihn nach Belieben beißen und ritzen. Die bewegteste Stellung der Mutter nimmt die Mitte des Bildes ein, sie ist herrlich, von den Alten bey jeder schicklichen Gelegenheit wiederholt. Amphitruo auf einem Thronsessel, (denn bis zu seinen Füßen hat sich der Knabe mit den Schlangen heran gebalgt,) eben im Begriff aufzustehen, das Schwert zu ziehen, befindet sich in zweifelhafter Stellung und Bewegung. Gegen ihm über der Pädagog. Dieser alte Hausfreund hat den zweyten Knaben auf den Arm genommen und schützt ihn vor Gefahr.

Dieses Bild ist jedermann zugänglich und höchlich zu schätzen, ob es gleich, schwächerer Zeichnung und Behandlung nach, auf ein höheres vollkommenes Original hindeutet.

Aus dieser liebenswürdigen Wirklichkeit hat sich nun ein dritter Künstler in das Höchste gehoben, der, wie Plinius meldet, eben den ganzen Himmel um Zevs versammelte, damit Geburt und That des kräftigen Sohnes auf Erden für ewige Zeiten bestätigt sey. Zu diesem hohen geistigen Sinne, daß ohne Bezug des Oberen und Unteren nichts dämonisch Großes zu erwarten sey, haben die Alten, wie wir schon öfters rühmen müssen, ihre künstlerischen Arbeiten hingelenkt. Auch war bey Minervens Geburt derselbige Fall, und wird nicht noch bis auf diesen Tag bey Geburt eines bedeutenden Kindes, um sie zu bewahrheiten, zu bekräftigen und zu verehren, alles was Großes und Hohes den Fürsten umgiebt herbeygerufen.

Nun, zum Zeugniß, wie die Alten aus der Fülle der Umgebung den Hauptmoment herauszuheben und einzeln darzustellen das Glück gehabt, erwähnen wir einer sehr kleinen antiken Münze von der größten Schönheit, deren Raum das tüchtige Kind mit den Schlangen im Conflict bis an den letzten Rand vollkommen ausfüllt. Möge ein kräftiger junger

Künstler einige Jahre seine Bemühungen diesem Gegenstande schenken.

Wir schreiten nun fort in das Leben des Helden, und da bemerken wir, daß man eigentlich zu viel Gewicht auf seine zwölf Arbeiten gelegt, wie es geschieht, wenn eine bestimmte Zahl und Folge ausgesprochen ist, da man denn wohl immer ein Dutzend ähnlicher Gegenstände in einem Kreise beysammen sehen mag. Doch gewiß finden sich unter den übrigen Thaten des Helden, die er aus reinem Willen, oder auf zufällige Anregung, unternahm noch wichtige, mehr erfreuliche Bezüge. Glücklicherweise giebt unsere Gallerie hievon die schönsten Beyspiele.

*1818*


XENOPHON

## Herakles am Scheideweg
*II 1,21–34*


Auch der weise Prodikos spricht sich in seiner Schrift über Herakles, die er bekanntlich auch sehr vielen vorträgt, ebenso über die Tugend aus und sagt etwa folgendes, soweit ich mich erinnern kann. Er erzählt nämlich: Als Herakles vom Kind zum jungen Manne heranwuchs, in welchem Alter die Jünglinge bereits selbständig werden und offenbaren, ob sie sich für ihr Leben dem Weg der Tugend zuwenden werden oder dem des Lasters, da sei er in die Einsamkeit gegangen und habe sich niedergesetzt und unschlüssig überlegt, welchen von beiden Wegen er einschlagen solle. Und es seien ihm zwei Frauen von großer Gestalt erschienen und auf ihn zugekommen, die eine schön anzusehen und edel in ihrem Wesen, deren Schmuck Reinheit der Haut, Schamhaftigkeit der Augen und Sittsamkeit der Haltung waren, und in weißem

Gewande; die andere dagegen wohlgenährt bis zur Fülle und Üppigkeit, die Haut geschminkt, so daß sie sich weißer und rosiger darzustellen schien, als sie war, die Haltung so, daß sie aufrechter zu sein schien als von Natur, die Augen weit geöffnet, und in einem Kleid, in dem ihre jugendlichen Reize besonders vorteilhaft in Erscheinung treten sollten; und sie habe wiederholt sich selbst betrachtet und auch darauf geachtet, ob ein anderer sie anschaue, und oft habe sie nach ihrem Schatten geblickt. Als sie nun näher zu Herakles gekommen waren, da sei die zuerst Genannte in derselben Weise weiter gegangen, die andere dagegen sei vorausgeeilt, um ihr bei Herakles zuvorzukommen, und habe gesprochen: Ich sehe dich, Herakles, unentschlossen, welchen Lebensweg du einschlagen sollst. Wenn du nun mich zur Freundin wählst, dann werde ich dich auf dem angenehmsten und bequemsten Wege geleiten, und keine Lust soll dir unbekannt sein, und von Beschwerden sollst du dagegen dein Leben lang nichts erfahren. Denn vor allem sollst du dich nicht um Kriege und Geschäfte kümmern, sondern du sollst fortwährend überlegen, was du Angenehmes zum Essen oder zum Trinken findest, was dir Freude macht zu sehen oder zu hören, was zu riechen oder zu betasten dir gefällt, mit welchen Jünglingen zu verkehren dir am meisten Genuß bereitet, und wie du am weichsten schlafen und am mühelosesten zu all dem gelangen kannst. Wenn dich aber jemals irgendwie die Sorge beschleichen sollte, es könnte Mangel daran eintreten, so brauchst du nicht zu befürchten, ich würde dich veranlassen, dies durch Anstrengungen und Mühen für Leib und Seele zu beschaffen, sondern was die anderen erarbeiten, das sollst du genießen, indem du nichts zurückweist, woraus man irgendwie Gewinn ziehen kann; denn ich gebe meinen Freunden die Möglichkeit, aus allem Nutzen zu ziehen. Als Herakles dies hörte, fragte er: Wie ist dein Name, Weib? Sie erwiderte: meine Freunde nennen mich Glückseligkeit, die aber, welche mich hassen, geben mir, um mich schlecht zu machen, den Namen Lasterhaftigkeit. Währenddessen war die andere Frau hinzugetreten und sprach: Auch ich komme zu dir, Herakles, ich kenne bereits deine Eltern und dein eigenes Wesen habe ich bei der Erziehung kennengelernt, und daher hoffe ich, wenn du den Weg zu mir wählen solltest, du wirst dich eifrig um das Gute und Heilige bemühen, und ich werde noch viel geehrter und reicher an Gütern in Erscheinung treten. Ich will dich aber nicht durch das Vorgaukeln von Genüssen täuschen, sondern dir wahrheitsgemäß erklären, wie die Götter alles, was es gibt, eingerichtet haben. Denn von dem wirklich Guten und Schönen geben die Götter den Menschen nichts ohne Mühe und Anstrengung, sondern wenn du willst, daß dir die Götter gnädig seien, so mußt du die Götter verehren, wenn du von deinen Freunden geliebt werden willst, so mußt du deinen Freunden Gutes tun, wenn du vom Staat irgendwie geehrt zu werden wünschest, dann mußt du dem Staat nützen, wenn du von ganz Griechenland wegen deiner Tugend bewundert zu werden verlangst, dann mußt du versuchen, dich um Griechenland verdient zu machen; und willst du, daß die Erde dir reichliche Früchte trage, so mußt du um die Erde dienen, glaubst du, du müssest durch Viehherden reich werden, so mußt du dich um die Viehherden kümmern, reizt es dich, im Kriege groß zu werden, und wünschest du die Macht zu besitzen, deine Freunde zu befreien und deine Feinde zu überwinden, so mußt du auch die Kriegskunst selbst von den Kundigen erlernen wie auch dich in ihrem Gebrauch üben; willst du aber auch körperlich kräftig sein, so mußt du den Körper daran gewöhnen, dem Verstand dienstbar zu sein, und ihn üben unter Mühen und Schweiß. Da schaltete sich, wie Prodikos erzählt, die Lasterhaftigkeit ein und sprach: Merkst du wohl, Herakles, welch schwierigen und langen Weg zur Lebensfreude dir dieses Weib vorschlägt? Ich dagegen werde dich den leichten und kurzen Weg zur Glückseligkeit führen. Und die Tugend sprach: Du Elende, was hast du denn Gutes? Oder was weißt du Angenehmes, wenn du nichts dafür tun willst? Die du auch nicht das Verlangen nach dem Angenehmen abwartest, sondern dich mit allem füllst, ehe du danach

Verlangen hast, die du issest, ehe du Hunger hast, und trinkst, ehe du Durst hast, und die du dich, damit du mit Appetit issest, der feinen Kochkunst bedienst; und damit du mit Appetit trinkst, schaffst du kostbare Weine herbei, und im Sommer läufst du herum und suchst Schnee, und damit du angenehm schläfst, beschaffst du nicht nur weiche Decken, sondern auch Bettstellen und Schaukelgestelle dafür an; denn nicht nach getaner Arbeit, sondern weil du nichts zu tun hast, verlangst du nach Schlaf; und die Liebesfreuden erzwingst du, ehe du wirklich danach begehrst, indem du alle Mittel anwendest und Männer wie Frauen gebrauchst; denn so leitest du deine Freunde an, indem du sie des Nachts mißbrauchst, den besten Teil des Tages aber verschlafen läßt. Obwohl auch eine Unsterbliche, bist du aus dem Kreise der Götter verstoßen, und von den guten Menschen wirst du verachtet. Was von allem am angenehmsten zu hören ist, das Lob über sich selbst, das hörst du nicht, und was von allem am angenehmsten anzuschauen ist, das siehst du nicht; denn du hast noch niemals eine von dir selbst vollbrachte gute Tat gesehen. Wer sollte dir irgendwie vertrauen, wenn du etwas sagst? Wer möchte, wenn du etwas benötigst, dir helfen? Oder wer, der noch bei gutem Verstande ist, würde den Mut haben, zur Schar deiner Anhänger zu gehören? In der Jugend sind sie körperlich kraftlos, und im Alter werden sie geistig schwachsinnig, sie, die mühelos, von Salben glänzend, in der Jugend sich ernähren lassen, aber mit Mühe, vor Schmutz starrend, sich durch das Alter schleppen, voll Scham über das, was sie getan haben, und voll Kummer über das, was sie tun müssen, nachdem sie die Annehmlichkeiten der Jugend rasch hinter sich gebracht und sich das Unangenehme für das Alter aufgespart haben. Ich dagegen bin befreundet mit den Göttern, und ich bin befreundet mit den guten Menschen. Kein gutes Werk, sei es ein göttliches oder ein menschliches, kommt ohne mich zur Ausführung. Man ehrt mich über alles bei den Göttern und bei den Menschen, denen dies zukommt; ich bin eine gern gesehene Helferin der Künstler, den Besitzern der Häuser eine getreue Wächterin, den Dienern eine wohlwollende Beschützerin, eine gute Helferin bei der friedlichen Arbeit, eine zuverlässige Bundesgenossin im Kriege, die beste Gefährtin in der Freundschaft. Meine Freunde haben an Speise und Trank ohne besondere Umstände einen angenehmen Genuß; denn sie warten solange, bis sie danach wirklich verlangen. Der Schlaf ist angenehmer für sie als für die Trägen, und sie ärgern sich auch nicht, wenn sie aufstehen müssen, und sie vernachlässigen um deswillen auch nicht die notwendigen Geschäfte. Und die jungen Leute freuen sich über das Lob der Älteren, die Älteren aber freuen sich über die Ehrerbietung der jungen Leute; gern erinnern sie sich auch ihrer früheren Taten, und sie freuen sich ebenso, die gegenwärtigen recht vollbringen zu können, zumal sie durch mich den Göttern freund sind, von ihren Freunden geliebt und in ihrem Vaterlande geehrt werden. Wenn aber das vorausbestimmte Lebensende kommt, dann liegen sie nicht in Vergessenheit ungeehrt da, sondern durch Loblieder gepriesen leben sie in der Erinnerung fort für alle Zeit. Wenn du, Herakles, Sohn rechtschaffener Eltern, dich solchen Mühen unterzogen hast, dann ist es dir möglich, die vollkommene Glückseligkeit zu gewinnen. So etwa schildert Prodikos die Belehrung des Herakles durch die Tugend; allerdings schmückte er seine Gedanken mit noch prächtigeren Worten aus als ich jetzt. Für dich aber, Aristippos, ist es nun wünschenswert, dies zu beherzigen und zu versuchen, auch für die Zukunft deines Lebens zu sorgen.

*Xenophon lebte zwischen ca. 425 und 430 v. Chr. bis nach 355 (350?) v. Chr.*

# Herkules am Scheidewege.

»Hm! kriegt man leichter eine neue Geliebte oder ein paar neue Buckskinghosen?«

»Ein wahrer Held nimmt niemals Abschied«

APOLLODOROS

# Bibliothek

*II 72–126*

*Die unter dem Namen Apollodor (um 180 v. Chr. bis um
110 v. Chr.) laufende »Bibliothek«, ein mythografisches Handbuch,
wurde wohl erst im 1. Jh. n. Chr. aus unterschiedlichen Quellen
zusammengestellt.*

Nach seinem Kampf mit den Minyern hatte er das Unglück,
durch die grollende Hera in Wahnsinn versetzt zu werden. In
diesem Zustande warf er nicht nur seine eigenen Kinder von
der Megara ins Feuer, sondern auch zwei von denen des Iphikles. Er verdammte sich deshalb selbst zur Verbannung und
wurde von Thespios gereinigt. In Delphoi angelangt, fragte er
den Gott, wo er wohnen sollte. ☐ Die Pythia redete ihn damals
zuerst mit dem Namen Herakles an, während er vorher Alkei-
des geheißen hatte, und gab ihm die Auskunft: wohnen sollte
er in Tiryns. Dort habe er dem Eurystheus zwölf Jahre lang zu
dienen und zehn Arbeiten zu verrichten. Auf diese Weise, gab
sie ihm zum Schlusse zu erkennen, würde ihm nach dem Vollbringen der Arbeiten die Unsterblichkeit zuteil werden. ☐
Diesem Bescheide zufolge ging Herakles nach Tiryns und
setzte ins Werk, was ihm von Eurystheus befohlen wurde. Der
erste Auftrag, den dieser ihm gab, bestand darin, daß er das
Fell des Nemeïschen Löwen herbeibringen sollte. Dies war ein
unverwundbares Tier, von Typhon gezeugt. Er zog also gegen
den Löwen aus und kam auf seiner Fahrt nach Kleonai, wo er
von einem armen Tagelöhner namens Molorchos gastfreundlich aufgenommen wurde. Dieser wollte eben dem Zeus ein
Opfertier schlachten. Herakles bat ihn aber, dasselbe noch
dreißig Tage aufzuheben; käme er bis dahin glücklich von der
Jagd zurück, so solle er es Zeus, dem Retter, schlachten, falls
er aber unterläge, sollte er es ihm selbst als einem zur Unsterblichkeit eingegangenen Helden zum Totenopfer brin-

gen. ☐ Nachdem er in Nemea angelangt war und den Löwen aufgesucht hatte, schoß er zuerst mit Pfeilen nach ihm; da er aber merkte, daß dieser unverwundbar sei, verfolgte er ihn mit erhobener Keule, bis der Löwe sich in eine auf beiden Seiten offene Höhle flüchtete. Nun verrammelte Herakles die eine Öffnung, rückte durch die andere dem Tiere zu Leibe, schlang den Arm um seinen Nacken, schnürte ihm die Kehle zu und hielt ihn fest, bis er erstickte. Jetzt legte er den Löwen auf seine Schultern, um ihn nach Kleonai zu bringen. Es war der letzte von den dreißig Tagen, als er mit Molorchos wieder zusammentraf, der eben im Begriffe stand, für ihn als einen Toten das Opfertier darzubringen. Herakles opferte nun Zeus, dem Retter, und brachte den Löwen nach Mykenai. ☐

Auf Eurystheus machte die Stärke, welche Herakles hierbei an den Tag legte, einen so gewaltigen Eindruck, daß er ihm für die Zukunft verbot, in die Stadt zu kommen, und ihm befahl, die Beweise seiner geleisteten Arbeiten nur vor den Toren zu zeigen. Auch sagt man, er habe sich aus Furcht sogar ein ehernes Behältnis unter der Erde machen lassen, um sich darin zu verbergen, und habe einen Herold, den Kopreus, des Eleiers Pelops Sohn, gebraucht, um dem Herakles seine Aufträge zukommen zu lassen. Dieser Kopreus hatte den Iphitos getötet und war deswegen nach Mykenai geflohen, wo er bei Eurystheus Reinigungsopfer und Aufenthalt fand. ☐

Als zweite Arbeit trug er ihm auf, die Lernaïsche Wasserschlange, die Hydra, zu töten. Diese, im Sumpfe zu Lerna aufgewachsen, stieg aufs Land heraus, zerriß die Herden und verwüstete das Land. Die Hydra war unmäßig groß und hatte neun Häupter, von denen acht sterblich, das in der Mitte stehende unsterblich war. ☐ Er bestieg nun einen Wagen, Iolaos lenkte die Pferde, und so ging es auf Lerna los. Als er die Hydra auf einem Hügel bei den Quellen der Amymone gefunden hatte, wo ihre Höhle war, ließ er die Pferde halten und zwang jene durch Schüsse mit brennenden Pfeilen, ihren Schlupfwinkel zu verlassen. Als sie nun hervorkam, packte er sie kräftig und hielt sie fest. Sie aber umschlang einen seiner Füße und ließ nicht wieder los. ☐ Obgleich er nun mit der Keule die Köpfe abschlug, konnte er damit doch nicht zum Ziele kommen; war nämlich ein Haupt abgeschlagen, so wuchsen deren zwei nach. Auch kam der Hydra ein sehr großer Krebs zu Hilfe, der ihn empfindlich in den Fuß kneipte. Deswegen rief er, als er diesen getötet, auch seinerseits den Iolaos zu Hilfe, der einen Teil des nahen Waldes anzündete, mit den Bränden die neuwachsenden Häupter bei ihrem Entstehen anbrannte und sie so am Hervortreten hinderte. ☐ Auf diese Weise wurde er der hervorwachsenden Köpfe Herr, schlug nun auch das unsterbliche Haupt ab, vergrub es an dem Wege, der durch Lerna nach Elaius führt, und wälzte einen schweren Stein darüber. Den Rumpf der Hydra spaltete er in zwei Teile, und in die Galle tauchte er seine Pfeile. Eurystheus aber erklärte, daß diese Arbeit nicht angerechnet werden dürfe, da er nicht allein, sondern mit Hilfe des Iolaos die Hydra besiegt hatte. ☐

Die dritte Arbeit, welche er ihm auftrug, bestand darin, daß er die kerynitische Hirschkuh lebendig nach Mykenai bringen sollte. Diese Hirschkuh hielt sich in Oinoë auf, hatte goldene Geweihe und war der Artemis heilig. Deswegen wollte sie Herakles auch weder töten noch verwunden und verfolgte sie ein ganzes Jahr lang. Endlich floh das Tier, durch die Verfolgung ermüdet, auf den sogenannten Artemisischen Berg und von da zum Flusse Ladon. Als es über diesen setzen wollte, traf er es mit einem Pfeile, ergriff es, legte es auf seine Schultern und eilte durch Arkadia. ☐ Da begegnete ihm Artemis mit Apollon, wollte ihm die Beute entreißen und schalt auf ihn, daß er das ihr geheiligte Tier habe töten wollen. Er schützte jedoch die Notwendigkeit vor, schob alle Schuld auf Eurystheus und besänftigte so den Zorn der Göttin. Und nun brachte er das Tier lebendig nach Mykenai. ☐

Seine vierte Arbeit sollte nach dem Auftrage des Eurystheus sein, den Erymanthischen Eber lebendig herzuschaffen. Dieses Tier hauste schändlich in Psophis und war aus einem Gebirge, Erymanthos genannt, hergekommen. Auf seiner Wanderung nach Pholoë nun fand Herakles gastfreundliche Aufnahme bei einem Kentauren, Pholos, einem Sohne des Seilenos und der Nymphe Melia. Dieser setzte dem Herakles das Fleisch gebraten vor, während er selbst es roh verzehrte. ☐ Als aber Herakles auch um Wein bat, erklärte jener, er trage Bedenken, das gemeinschaftliche Faß der Kentauren zu öffnen. Herakles aber sprach ihm Mut zu und öffnete das Faß. Gleich, nachdem das geschehen war, umringten die Kentauren, angelockt durch den Geruch, die Höhle des Pholos, mit Felsstücken und Fichtenstämmen bewaffnet. Die ersten nun, welche es wagten, einzudringen, Anchios und Agrios, jagte Herakles durch Feuerbrände, die er warf, zurück; die übrigen verfolgte er mit Pfeilschüssen bis Malea. ☐ Von da flüchteten sie sich zu Cheiron, der, durch die Lapithen von dem Berge Pelion vertrieben, sich bei Malea niedergelassen hatte. Eben als sie mit diesem zusammentrafen, hatte Herakles auf die Kentauren mit dem Bogen gezielt und schoß einen Pfeil ab, der durch den Arm des Elatos unglücklicherweise in das Knie des Cheiron fuhr und dort steckenblieb. Herakles lief bekümmert hinzu, zog den Pfeil heraus und legte ein Heilmittel auf, das Cheiron selbst dazu hergab. Da jedoch die Wunde unheilbar war, ließ er sich in die Höhle bringen und wünschte, dort zu sterben. Vergeblicher Wunsch, da er unsterblich war! Erst als Prometheus in ihm denjenigen Unsterblichen fand, den er als freiwilligen Ersatz dem Zeus zum Tode stellen konnte, starb er. ☐

Die übrigen Kentauren flohen, die einen da-, die anderen dorthin. Einige von ihnen kamen zum Berge Malea, Eurytion nach Pholoë, Nessos zum Flusse Euenos, die übrigen fing Poseidon in Eleusis auf und bedeckte sie mit einem Berge. ☐ Herakles kehrte jetzt nach Pholoë zurück und fand hier neben mehreren anderen auch den Pholos tot. Dieser hatte nämlich aus einem Leichnam den Todespfeil gezogen. Während er sich nun wunderte, wie ein so kleines Ding so große Männer hatte niederzwingen können, entglitt das Geschoß seiner Hand, fuhr ihm in den Fuß und tötete ihn plötzlich. Herakles begrub den Pholos und begab sich dann weiter, um

den Eber zu jagen. Er trieb ihn mit Geschrei aus einem Dik-
kichte heraus und verfolgte ihn in tiefen Schnee hinein, fing
das erschöpfte Tier mit einem Stricke und brachte es nach
Mykenai. ☐

Als fünfte Arbeit trug er ihm auf, den Mist von dem Vieh
des Augeias an einem Tage allein aus dem Viehhofe heraus-
zuschaffen. Augeias war König in Elis und nach den verschiedenen Sagen ein Sohn des Helios oder des Poseidon oder des
Phorbas. Er hatte eine Menge Viehherden. Herakles kam zu
ihm und versprach ihm, den Mist an einem Tage herauszu-
schaffen, wenn er ihm den zehnten Teil seines Viehes über-
ließe. Augeias, der nicht an die Möglichkeit glaubte, versprach's. ☐ Herakles aber nahm den Sohn des Augeias,
Phyleus, zum Zeugen, riß den Grund des Viehhofs auf, leitete
die unweit davon fließenden Flüsse Alpheios und Peneios
durch einen Nebenkanal herzu und ließ sie durch eine andere
Öffnung ausströmen. Als aber Augeias erfuhr, daß dies im
Auftrage des Eurystheus geschehen sei, verweigerte er den
Lohn, leugnete überdies geradezu, einen Lohn versprochen
zu haben, und erklärte sich bereit, die Streitsache einem rich-
terlichen Ausspruche anheimzustellen. ☐ Als die Richter bei-
sammensaßen, ein Urteil zu geben, trat Phyleus, von Herakles
aufgefordert, auf, zeugte gegen seinen Vater und erklärte, daß
er allerdings über einen Lohn mit jenem übereingekommen
sei. Da ergrimmte Augeias und befahl, ehe noch ein Spruch
getan war, dem Phyleus und Herakles, sich aus Elis fortzu-
scheren. ☐

Phyleus begab sich nun nach Dulichion und wohnte dort.
Herakles aber ging nach Olenos zu Dexamenos, um vorder-
hand da zu bleiben. Er kam eben dazu, als dieser dem Kentauren Eurytion seine Tochter Mnesimache gezwungener-
maßen zur Frau geben sollte. Von ihm zu Hilfe gerufen, tötete
er den Eurytion, gerade als er der Jungfrau Gewalt antun
wollte. Eurystheus aber ließ auch diese Arbeit nicht als zu
den zehn gehörig gelten, weil sie um Lohn verrichtet worden
sei. ☐

Es kam die sechste Arbeit, die er ihm auftrug, an die Reihe. Er sollte die Stymphalischen Vögel verjagen. In der arkadischen Stadt Stymphalos lag nämlich ein Sumpf, Stymphalis genannt, von einem großen Gehölze dicht umschattet. Dahin hatten sich unermeßlich viele Vögel geflüchtet, aus Furcht, von den Wölfen geraubt zu werden. □ Da nun Herakles in Verlegenheit war, auf welche Weise er die Vögel aus dem Gehölze vertreiben könnte, gab ihm Athena eherne Klappern, die sie von Hephaistos bekommen hatte. Diese schlug er auf einer unweit des Sumpfes liegenden Anhöhe zusammen und erschreckte so die Vögel. Sie hielten das Getöse nicht aus, flogen furchtsam auf, und so gelang es Herakles, sie mit Pfeilen zu erlegen. □

Als siebente Arbeit trug er ihm auf, den kretischen Stier herzuführen. Nach der Aussage des Akusilaos war dies der nämliche, welcher dem Zeus die Europe übers Meer getragen hatte. Nach Meinung anderer war es der, welcher von Poseidon aus dem Meere heraufgeschickt worden war, als Minos versprochen hatte, dem Poseidon zu opfern, was zuerst aus dem Meere auftauchen würde. Den Minos hatte damals, wie man sagt, die herrliche Gestalt des Stiers, der sich seinen Blicken darbot, verleitet, ihn unter seine Ochsenherde zu stecken und dem Poseidon einen anderen zu opfern, und der Gott, darüber erzürnt, hatte den Stier wild werden lassen. □ Gegen diesen nun zog Herakles aus und kam nach Krete. Auf seine Bitte, ihn mitnehmen zu dürfen, erklärte Minos, daß er nichts dagegen habe, wenn jener damit zurechtkäme. Er griff ihn glücklich, brachte ihn zu Eurystheus, zeigte ihm den Stier und ließ ihn sofort frei. Der Stier durchirrte hierauf ganz Sparte und Arkadia, streifte über den Isthmos nach Marathon in Attika und fügte den Einwohnern vielen Schaden zu. □

Als achte Arbeit trug er ihm auf, die Stuten des Thrakers Diomedes nach Mykenai zu bringen. Dieser war ein Sohn des Ares und der Kyrene, König der Bistonen, eines sehr kriegerischen thrakischen Volkes. Es besaß Stuten, welche Menschenfleisch fraßen. Herakles schiffte sich mit einigen freiwilligen Begleitern ein, übermannte die bei den Krippen aufgestellten Wächter und brachte die Pferde ans Gestade des Meers. ☐ Als aber die Bistonen mit Waffen zu Hilfe eilten, gab er die Stuten dem Abderos zu bewachen. Dieser war ein Sohn des Hermes, ein Lokrier aus Opus, des Herakles Liebling, den aber die Stuten packten und zerrissen. Herakles kämpfte nun mit den Bistonen, tötete den Diomedes, zwang die übrigen zur Flucht und gründete bei dem Grabmale des zerrissenen Abderos eine Stadt gleichen Namens. Nun übergab er dem Eurystheus die Stuten; dieser aber ließ sie los, und so kamen sie auf den Berg, Olympos genannt, wo sie von den wilden Tieren zerrissen wurden. ☐

Nun sollte Herakles, dem neunten Auftrage gemäß, den Gürtel der Hippolyte bringen. Dies war die Königin der Amazonen, welche die Gegend um den Fluß Thermodon bewohnten; eine große Nation in kriegerischer Hinsicht, da sie männliches Wesen nicht nur hochschätzten, sondern auch selbst sich anzueignen suchten. Hatten sie sich je einmal mit Männern eingelassen und geboren, so erzogen sie nur die Kinder weiblichen Geschlechts. Sie preßten auch die rechte Brust hinweg, um im Wurfspießwerfen nicht gehindert zu sein, ließen aber die linke an ihrer Stelle, um säugen zu können. Hippolyte trug als Zeichen ihres Rangvorzugs vor allen den Gürtel des Ares. ☐ Nach diesem Gürtel wurde Herakles ausgeschickt, weil des Eurystheus Tochter, Admete, nach ihm gelüstete. Er nahm zu diesem Zweck freiwillige Kampfgenossen mit sich auf ein Schiff und landete auf der Insel Paros. Hier wohnten die Söhne des Minos, Eurymedon, Chryses, Nephalion und Philolaos. Nun hatten von der gesamten Schiffsmannschaft zwei das Unglück, durch die Söhne des Minos umzukommen. Herakles, über die Täter entrüstet, tötete sie auf der Stelle; die übrigen Einwohner schloß er ein und belagerte sie, bis Abgesandte mit der Bitte zu ihm kamen, als Ersatz für die Umgekommenen nach eigener Wahl zwei aus ihrer Mitte zu nehmen. ☐ Er hob jetzt die Belagerung auf, wählte sich den Alkaios und Sthenelos, Söhne des Minossohnes Androgeos, aus und begab sich nach Mysia zu Lykos, des Daskylos Sohne, der ihn gastfreundlich aufnahm. Er half dafür dem Lykos, als der Bebryker König ins Land einfiel, tötete unter vielen Feinden auch den König Mygdon, des Amykos Bruder, nahm die Stadt der Bebryker und gab dem Lykos ein großes Stück des Landes, das dieser seinem ganzen Umfange nach Herakleia nannte. ☐

Er lief nun in den Hafen von Themiskyra ein, wo ihm Hippolyte entgegenkam und, nachdem sie die Absicht seines Kommens erkundet, ihm den Gürtel versprach. Doch Hera begab sich in der angenommenen Gestalt einer Amazone zu der Menge der übrigen und sagte, die Königin werde von Fremdlingen, die angekommen seien, geraubt. ☐ Da rannten diese bewaffnet und zu Pferde gegen das Schiff an. Als Herakles sie bewaffnet sah, glaubte er darin eine Hinterlist zu entdecken, tötete die Hippolyte, nahm ihr den Gürtel ab, segelte nach einem mit den übrigen bestandenen Kampfe davon und landete in Troia. ☐

Diese Stadt war damals durch den Zorn des Apollon und Poseidon gerade in übler Lage. Apollon und Poseidon begaben sich nämlich in Menschengestalt zu Laomedon, um seinen frechen Übermut zu prüfen, und versprachen ihm, um Lohn Pergamos mit einer Mauer zu versehen. Nach vollendeter Arbeit verweigerte er ihnen den Lohn. Deswegen schickte Apollon eine Pest und Poseidon einen großen Meerfisch, der mit einer Sturmflut aufs Land kam und die Menschen auf dem Felde wegraubte. ☐ Auf den Ausspruch des Orakels, es würde Befreiung von dem Übel erfolgen, falls Laomedon seine Tochter Hesione dem Fische zum Fraße hinwerfe, setzte er sie aus und fesselte sie an die dem Meere nächstgelegenen Felsen. Herakles sah sie ausgesetzt daliegen und versprach, ihre Rettung zu übernehmen, wenn ihm Laomedon die Stuten gäbe, welche Zeus als Ersatz für den Raub des Ganymedes gegeben hatte. Laomedon versprach's, Herakles tötete den Fisch und rettete die Hesione. Allein Laomedon verweigerte auch hier wieder die Belohnung, und so fuhr Herakles unter der Drohung, Troia mit Krieg zu überziehen, weg. □

Er landete bei der Stadt Ainos, wo er von Poltys gastfreundlich aufgenommen wurde; und er segelte dann weiter, nachdem er am Gestade von Ainia den Sarpedon, den Sohn des Poseidon und Bruder des Poltys, einen übermütigen Frevler, mit seinen Pfeilen getötet hatte. Er kam nun nach Thasos, einer Insel, die er nach Unterjochung der dort wohnenden Thraker den Söhnen des Androgeos zum Bewohnen überließ. Von Thasos brach er nach Torone auf und tötete hier im Ringkampf den Polygonos und Telegonos, Söhne des Proteus und Enkel des Poseidon, die ihn herausgefordert hatten. Jetzt brachte er den Gürtel nach Mykenai und gab ihn dem Eurystheus. □

Als zehnte Arbeit wurde ihm bestimmt, die Rinder des Geryones von Erytheia żu bringen. Erytheia war eine nahegelegene Insel des Okeanos, die jetzt Gadeira heißt. Diese bewohnte Geryones, Sohn des Chrysaor und der Kallirrhoë, einer Tochter des Okeanos. Er hatte einen aus drei Männern zusammengesetzten Körper; sein Leib lief nämlich in der Gegend des Magens in einen zusammen und teilte sich von den Weichen und Lenden an wieder in drei Leiber. Er besaß rote Rinder, die dem Hirten Eurytion anvertraut waren. Bewacht wurden sie von dem zweiköpfigen Hunde Orthos, einem Sprößlinge der Echidna und des Typhon. □

Auf seinem Zuge nach den Rindern des Geryones durch Europe kam er bei vielen wilden Völkerschaften vorbei und betrat Libye. Auch Tartessos hatte er berührt. Als Erinnerungszeichen seines Zuges errichtete er an den Grenzen Europes und Libyes zwei sich gegenüberstehende Säulen. Als ihn auf dieser Reise Helios sehr brannte, spannte er den Bogen gegen den Gott. Dieser, seinen Mut bewundernd, lieh ihm einen goldenen Kahn, in welchem er über den Okeanos fuhr. □ Nun kam er nach Erytheia und schlug seine Wohnung auf dem Gebirge Abas auf. Als der Hund es merkte, fuhr er auf ihn los, doch Herakles empfing ihn mit dem Knüttel, erschlug ihn und tötete auch den Rinderhirten Eurytion, der dem Hunde zu Hilfe geeilt war. Menoites, der eben die Rinder des Hades dort weidete, meldete dem Geryones das Geschehene. Dieser machte sich auf, traf den Herakles bei dem Flusse Anthemos, wie er die Rinder wegtrieb, ließ sich mit ihm in einen Kampf ein, erlag aber seinen Pfeilschüssen. □ Herakles verlud die Rinder in seinen Kahn, setzte nach Tartessos über und stellte sodann dem Helios den Kahn wieder zu. Er durchzog nunmehr Abderia und kam nach Ligystine, wo Ialebion und Derkynos, Poseidons Söhne, den vergeblichen Versuch, ihm die Rinder zu rauben, mit dem Leben bezahlen mußten. □ Während seines Zugs durch Tyrrhenia riß in Rhegion ein Stier aus, stürzte sich schnell ins Meer und schwamm nach Sikelia hinüber, durchzog das nahegelegene Land und kam auf ein Feld des Eryx, Königs der Elymer. □ Dieser, ein Sohn des Poseidon, steckte den Stier unter seine eigenen Herden. Herakles gab indessen die Rinder dem Hephaistos zur Verwahrung und eilte, den verlornen aufzusuchen. Als er ihn unter den Herden des Eryx fand, verlangte er ihn zurück. Dieser verweigerte jedoch seine Auslieferung, wenn jener ihn nicht im Ringen unter sich bekäme. Herakles bekam ihn im Ringkampfe dreimal unter sich, tötete ihn nun, nahm den Stier und brachte ihn samt den anderen an das Ionische Meer. □

Als er aber an den Buchten des Meers angelangt war, machte Hera die Rinder wütend, so daß sie sich in die Gebirgstäler von Thrake zerstreuten. Er lief ihnen nach, fing einige von ihnen gegen den Hellespontos hin wieder ein und trieb sie weiter. Diejenigen, welche er nicht mehr erreichen konnte, blieben von da an wild. Nachdem nun die Rinder wenigstens zum Teile mühsam wieder beigebracht waren, ergoß er sich in Verwünschungen gegen den Fluß Strymon, der ihn durch sein damals schiffbares Bett aufhielt. Herakles füllte es mit Felsstücken und bildete so eine für Schiffe fortan unbrauchbare Furt. Jetzt brachte er die Rinder zu Eurystheus und übergab sie ihm. Dieser brachte sie der Hera zum Opfer dar. □

Die Arbeiten waren nun in einem Zeitraume von acht Jahren und einem Monat vollbracht. Allein Eurystheus hatte die Arbeit mit dem Vieh des Augeias und die mit der Hydra nicht gelten lassen, deswegen übertrug er dem Herakles eine elfte Arbeit, nämlich die goldenen Äpfel der Hesperiden zu bringen. Diese befanden sich nicht, wie einige sagen, in Libye, sondern auf dem Atlas bei den Hyperboreern. Gaia hatte sie der Hera bei ihrer Vermählung mit Zeus zum Geschenke gemacht. Sie wurden von einem unsterblichen hundertköpfigen Drachen, einem Sprößling des Typhon und der Echidna, bewacht, der die Gabe hatte, sehr verschiedene und stets veränderte Stimmen von sich zu geben. ☐ Nächst ihm waren auch die Hesperiden als Wächterinnen aufgestellt – Aigle, Erytheia, Hesperia und Arethusa.

Herakles machte sich auf den Weg und kam zum Flusse Echedoros. Hier forderte ihn Kyknos, des Ares und der Pyrene Sohn, zum Zweikampfe heraus. Um dessen Fall zu rächen, übernahm Ares selbst den Zweikampf, aber ein mitten zwischen beide geschleuderter Blitz trennte die Kämpfer. Er schritt nun weiter durch das illyrische Land, eilte über den Fluß Eridanos und kam zu den Nymphen des Zeus und der Themis. ☐ Diese verrieten an ihn den Nereus, welchen er schlafend ergriff und band, obgleich er sich in mancherlei verschiedene Gestalten verwandelte. Er ließ ihn auch nicht früher los, als bis er von ihm erkundet hatte, wo die Äpfel und die Hesperiden zu finden seien. Nachdem er darüber belehrt war, durchzog er Libye. Über dieses Land herrschte ein Sohn des Poseidon, Antaios, der die Fremden zum Ringen zwang und sie so aus dem Wege räumte. Herakles, ebenfalls gezwungen, mit ihm zu ringen, umschlang ihn mit den Armen, hob ihn auf, zerquetschte ihn frei in der Luft und tötete ihn auf diese Weise; denn, wenn er die Erde berührte, bekam er jedesmal neu verstärkte Kraft. Deshalb haben ihn auch einige für einen Sohn der Gaia ausgegeben. ☐

Von Libye aus ging er nach Aigyptos. Über dieses Land herrschte Busiris, Sohn des Poseidon und der Lysianassa, der

Tochter des Epaphos. Dieser opferte die Fremdlinge auf einem Altare des Zeus, einem Orakelspruche folgend. Aigyptos war nämlich neun Jahre lang von Unfruchtbarkeit heimgesucht gewesen. Da kam von Kypros her Phrasios, seiner Kunst nach ein Wahrsager, und verhieß das Aufhören der Unfruchtbarkeit, wenn man jährlich einen fremden Mann dem Zeus schlachten würde. ☐ Busiris machte den Anfang mit jenem Wahrsager selbst und schlachtete dann die Fremdlinge, welche nach Aigyptos kamen. So wurde denn auch Herakles ergriffen und zu den Altären geführt. Aber er riß die Bande entzwei und erschlug den Busiris samt seinem Sohne Amphidamas. ☐

Nachdem er hierauf Asia durchwandert, landete er bei Thermydrai, dem Hafen der Lindier. Hier spannte er einem Ochsentreiber einen Ochsen vom Wagen ab, opferte ihn und ließ sich's dabei trefflich schmecken. Der Ochsentreiber, welcher sich keine Hilfe zu schaffen wußte, stellte sich auf einen Berg und verfluchte ihn von da herab. Deswegen geschieht dieses auch jetzt noch, wenn man dem Herakles opfert, mit Verwünschungen. ☐ Als er nach Arabia kam, tötete er den Emathion, des Tithonos Sohn, und nachdem er Libye bis zum Meere durchzogen, segelte er hinüber an der Stelle, wo er den Kahn von Helios erhalten hatte. Auf dem jenseitigen Ufer des festen Landes angelangt, erschoß er auf dem Kaukasos jenen Adler, der die Leber des Prometheus fraß, einen Sprößling der Echidna und des Typhon, mit seinen Pfeilen. So befreite er den Prometheus, nahm die Fesseln aus Ölbaumzweigen weg und stellte dem Zeus als Ersatzmann den unsterblichen Cheiron, der an seiner Statt sterben wollte. ☐

Als er aber zu den Hyperboreern und bei Atlas ankam, gab ihm Prometheus den Rat, er sollte sich nicht selbst nach den Äpfeln auf den Weg machen, sondern den Atlas dahin schicken und einstweilen das Tragen des Himmels übernehmen. Herakles folgte dem Rate und übernahm es. Atlas pflückte bei den Hesperiden drei Äpfel und kam zu Herakles zurück, wollte aber nun den Himmel nicht mehr tragen.

Herakles, als fügte er sich, erklärte, daß er sich nur einen Bausch von Stricken um den Kopf winden wolle. Als Atlas das hörte, legte er die Äpfel auf die Erde und trat unter das Himmelsgewölbe. Doch Herakles nahm die Äpfel vom Boden auf und ging davon. □ Nach Meinung anderer hätte er sie nicht durch Atlas erhalten, sondern selbst gepflückt, nachdem er den wachehaltenden Drachen getötet. Er brachte nun die Äpfel dem Eurystheus, der sie dem Herakles als Geschenk zurückgab. Von diesem erhielt sie Athena, die sie wieder an ihren Ort zurücktrug; denn es war ihrer heiligen Bestimmung zuwider, irgendwo anders niedergelegt zu werden. □

Als zwölfte Arbeit wurde ihm aufgetragen, den Kerberos aus dem Hades zu bringen. Dieser hatte drei Hundsköpfe, einen Drachenschwanz und auf dem Rücken die Köpfe verschieden gestalteter Schlangen. Um sich für diese Fahrt zu rüsten, ging Herakles zu Eumolpos nach Eleusis und begehrte, in die Geheimnisse eingeweiht zu werden. Zwar wurden damals Fremde nach den Gesetzen nicht zur Einweihung zugelassen; doch wurde der Anfang zu seiner Einweihung gemacht, nachdem er von Pylias an Kindes Statt angenommen worden war. Da er aber zum eigentlichen Schauen der Geheimnisse nicht gelangen konnte, weil er vom Morde des Kentauren noch nicht gereinigt war, ließ er sich jetzt entsündigen, worauf von Eumolpos seine Einweihung vollzogen wurde. □ Er kam nun nach Tainaros, der Stadt in Lakonika, wo die Mündung des Eintritts in den Hades ist, und stieg durch diese hinab. Sobald ihn die Schatten erblickten, ergriffen sie die Flucht mit Ausnahme des Meleagros und der Gorgone Medusa. Gegen die letztere zückte er, als lebte sie, das Schwert, wurde aber von Hermes belehrt, daß es nur ein leeres Bild sei. □

Als er ganz in die Nähe der Pforten des Hades gekommen war, traf er den Theseus und den Peirithus, der sich als Freier der Persephone eingefunden hatte und deswegen gefesselt worden war. Als sie den Herakles sahen, streckten sie die Hände nach ihm aus, als könnten sie mittels seiner Kraft sich wieder zur Oberwelt hinaufschaffen. Er ergriff den Theseus

# Der renovirte Herkules.

So müßte der alte Herkules ungefähr aussehen, wenn er h e u t z u t a g e
seine zwölf Arbeiten verrichtet hätte.

bei der Hand und richtete ihn auf. Seinen Versuch, auch den Peirithus aufzurichten, mußte er aufgeben, weil die Erde bebte. Er wälzte jetzt auch den Stein von Askalaphos ab □ und schlachtete eins von den Rindern des Hades, um die Seelen mit Blut zu tränken. Der Hirte dieser Rinder, Menoites, Sohn des Keuthonymos, forderte ihn deswegen zum Ringen heraus. Herakles aber packte ihn mitten um den Leib, zerbrach ihm die Rippen und gab ihn nur auf Bitten der Persephone frei. Jetzt bat er den Pluton um den Kerberos und erhielt von ihm die Erlaubnis, ihn wegzuführen, wenn er seiner ohne die Waffen, die er trage, mächtig werde. □ Herakles fand ihn an der Mündung des Acheron, griff ihn an, bloß mit seinem Brustharnisch bedeckt und in die Löwenhaut gehüllt, umschlang seinen Kopf mit den Armen und ließ ihn nicht los, obgleich er von dem Drachen, der sich am Hinterteile des Tieres befand, gebissen wurde. So wurde er, den Nacken des Ungetüms festhaltend und zusammenschnürend, Meister über dasselbe, ergriff es und kam auf seinem Rückwege durch Troizen herauf. Den Askalaphos verwandelte jedoch Demeter nun in eine Nachteule. Herakles zeigte dem Eurystheus den Kerberos und brachte ihn dann in den Hades zurück. □

VERGIL

## Aeneis
*VIII, 184–309*

*Der Bericht des Evander über die Erschlagung des Ungeheuers Cacus durch Hercules ist mit gut 90 Versen eine der längsten Reden und die längste Aitiologie in der Aeneis. Die* Rede *ist wie folgt gegliedert:*
*Hercules-Kult und die Bedrohung durch Cacus*
*Das Verbrechen des Cacus*
*Entdeckung des Verbrechens, Rasen des Hercules*

*Hercules tötet das Ungeheuer, Freude des Volkes*
*Begründung des Kultes an der Ara Maxima*

Da nun der Hunger verscheucht, die Lust des Essens gestillt
                                                            war,
Redet Evander, der Fürst: »Dies Fest, dies heilige Gastmahl
Und solch mächtiger Gottheit Herd hat nimmer ein eitler,
Abergläubischer Wahn, unkund der älteren Götter,
Uns zu stiften gelehrt, Trojaner. Großer Errettung
Aus viel Fährden und Ängsten gedenkt und dankt unser
                                                Festbrauch.
Siehst du das ragende Riff? Da dräut's vom Gipfel des Felsens
Nieder, und rings sind Trümmer verstreut; verödet gewahrst du
Droben im Berge die Schluft, zerschellt durch schrecklichen
                                                    Einsturz.
War eine Höhle daselbst, ein Abgrund, tief und verborgen,
Fern von der Sonne Gesicht. Der Halbmensch hauste, der Cacus,
Greulich und gräßlich zu schaun, im Stein. Vom Blut der
                                                Erwürgten
Dampfte das Erdreich Tag für Tag. An prahlender Pforte
Hingen die Häupter der Toten, verbleicht in grauser Verwesung.
Vater des Unholds war Vulcan. Er spie des Erzeugers
Rußige Gluten und Qualm vom Maul, schwer schreitender Riese.
Aber die Zeit lief um, da war den Harrenden endlich
Hilfe bereit, uns nahte der Gott. – Der Rächer, der starke,
Nach des Geryones Tod, im Stolz dreileibiger Beute,
Kam der Alcide gegangen und trieb die riesigen Rinder
Hier auf die Weide, sie grasten im Tal und den Auen des Flusses.
Aber das Diebesgelüst des Cacus wollte nicht leiden,
Daß ein verwegener Raub, ein Schelmstück, nimmer versucht
                                                        werd:
Er entwendet vom Pferch vier herrlich prangende Stiere,
Heißt vier Färsen zugleich mitgehn, die schönsten des Triebes.
Aber damit sie die Spur, die richtige, nimmer verrate,
Hat er sie hinterrücks am Schweif zur Höhle gezogen,
Stück für Stück, verwendeten Stapfs, ins finstere Felsloch,

Da weder Zeichen noch Spur den Weg wies, den sie genommen.
Unter der Weil, als schon der Amphitryonerbe die satten
Tiere von Anger und Pferch zur Weiterreise versammelt,
War der Herde das Wandern leid, und Hügel und Waldtal
Schollen vom Klagegebrüll der abschiednehmenden Rinder.
Eine der Färsen erwidert den Ruf im Innern der Höhle,
Blökend und brüllend, und trog des Cacus wachsame Vorsicht. –
Als er's vernommen, entbrennt vor Zorn und Grimm des Alciden
Finsteres Herz, flugs greift er zur Wehr, die knotige Keule
Wuchtend, und stürmt den First der steilen, steinigen Schroffe.
Da denn zum ersten Mal die Meinigen sehn, wie dem Cacus
Furcht aus den Augen geblickt. Er flüchtete, flink wie der
                                                    Sturmwind,
Gegen die Höhle zurück, als wüchsen ihm Flügel am Fuße.
Kaum aber schließt er sich ein, zersprengt die stählernen Ketten,
Dran seines Vaters Kunst den Türstein schwebend befestigt,
Der nun im Fallen das Felstor schloß, unbrechbarer Riegel,
Als der Tirynthier schon, zähnknirschend, ihm auf den Fersen
Folgt und den Eingang sucht und wendet hierhin und dorthin
Forschend den Blick. Drei Mal umkreist er, flammend vor
                                                    Ingrimm,
Den Aventinusberg, drei Mal erprobt er vergeblich
Über der Schwelle den Fels und ruht ermattet im Talgrund.
Stand ein zerklüfteter Stein, wo rings die Steile zutal sank,
Über dem Scheitel der Höhle getürmt, hoch, überall sichtbar,
Ein willkommener Horst des gefiederten Räubergesindels.
Der hing übergeneigt, linkshin zur Fläche des Stromes;
Und nun packt ihn der Held von rechts und rüttelt und löst ihn
Aus dem gewachsenen Grund, drin er wurzelte, stößt ihn mit
                                                    eins dann
Fort: er wankt; rings schüttert die Luft von den Donnern des
                                                    Sturzes,
Klafft das zerspellte Gestad, stromaufwärts flüchtet die Woge.
Nun lag offen der Stein; des Cacus riesige Raubburg
Bot sich dem spähenden Aug bis hinab in die finstersten
                                                    Schlüfte:

Anders nicht, als ob das Erdreich gählings zerrisse,
Reiche der Unterwelt und die dämmernden, götterverhaßten
Örter des Abgrunds täten sich auf, unpeilbare Schlünde
Zeigten im Lichte des Tags verschüchterter Schatten Gewimmel.
Also bedrängt den unversehns am Tage Gefangnen,
Der nun im hohlen Gestein vor unverhofftem Ergrausen
Aufbrüllt, droben der Held mit jeglichem, was ihm zur Hand
                                                    kommt,
Schießt Baumäste hinab und schleudert riesige Wacken.
Der aber, dem zur Flucht nunmehr kein Mittel und Weg blieb,
Spie stracks Flammen und Rauch vom Mund, groß Wunder zu
                                                    sagen,
Grausenvoll, und hüllt sein Haus in blinde Verfinstrung,
Die sich dem forschenden Aug verhehlt; schon wölkt sich im
                                                    Felsloch
Rußige, rauchige Nacht, Schwarzfinsternis,
                                    flammendurchzüngelt.
Doch des Alciden Zorn läßt sich nicht bändigen, jählings
Wirft er sich selber im Sprung hinab, wo Wasem und Lohe
Brodeln und brau'n, und der Wirbel die schwärzesten Schwaden
                                                    emporwölkt.
Hier in der Finsternis greift er den Cacus, welcher vergeblich
Feur auswirft, umschlingt und würgt ihn, bis ihm die beiden
Augen im Kopf vorquellen, die lechzende Gurgel veratmet.
Schon bricht auf, schon klafft die Tür des schnöden Verließes,
Und das entfremdete Vieh, der dreist verleugnete Diebstahl
Kommen ans Licht. Dann wird des Halbtiers ekeler Leichnam
Füßlings zutagegeschleift. – So bald ersättigt der Anblick
Niemands Herz: sie schaun das Schandhaupt, schaun die
                                                    behaarte,
Zottige Riesenbrust, den Schlund erloschener Feuer.
Seither ehrt die Gemeine den Gott. Die fröhliche Jugend
Hält an dem Jahrtag fest. Potitius gilt uns der Stifter
Und das pinarische Haus herculischer Weihen Bewahrer.
Hier im Haine den Herd hat er selber geschichtet: den Altar
Nennt unser Volk den Großen, er wird der Große verbleiben. –

Nun, ihr Jungen, wohlauf! Im Dienst solch heiligen Ruhmes
Kränzet mit Läubern das Haar und greift mit der Rechten die
                                                    Becher,
Feiert und singt den gemeinsamen Gott, gießt freudig die
                                                    Spende!«
Sagt das Wort: und schon umflicht des Hercules Pappel
Stirn und Haar und nickt mit zwiefarb schattenden Läubern,
Faßt die Rechte den Kelch, den geheiligten; fröhlichen Eifers
Netzen sie spendend den Tisch und flehn vereint zu den
                                                    Göttern.
    Auf durchmessener Bahn des Olympus nahte der Abend:
Und schon gingen – voran Potitius – Priester, nach frommem
Bauch mit Fellen geschürzt, und brachten das Feuer getragen.
Man erneuert das Fest, man bringt willkommenen Spätmahls
Gaben zu Tisch und krönt mit beladenen Schüsseln den Altar.
Der Saliaren Schar umsteht das heilige Feuer,
Singend und Stirn und Schlaf mit Pappelläubern umwunden:
Hier der Jünglinge Chor und dort die Greise. Sie dürfen
Hercules' Taten und Lob im Lied verherrlichen: Junos
Grimmiges Natterngezücht, das Der mit Händen erwürgte,
Der dann hernach mit Krieg hochprangende Burgen in Staub
                                                    warf,
Trojas Stolz, Oichalias Ruhm, unzählige Mühsal
Auf der Saturnerin Wort im Joch des argen Eurystheus
Herrlich bestand. – Du schlugst den Pholus, du den Hylaeus,
Wolkensöhn, zwiefältigen Leibs; den cretischen Greuel
Hast du bezwungen und würgtest den Leun im Berg der Nemäer.
Vor dir bangten die Wasser des Styx, der Pförtner des Orcus,
Auf zernagtem Gebein in blutiger Höhle gelagert.
Keinerlei Graun und Graus, selbst nicht Typhoeus, der Riese,
Schreckte dich, waffenumklirrt, noch sahn die wimmelnden
                                                    Häupter
Des lernaeischen Wurms, dich, Held, verlassen und ratlos.
Heil, wahrhaftiger Sohn Gottvaters, Zierde der Himmel,
Komm, ein geheiligter Gast, dein Fest und uns zu begnaden!
– Scholl der Feiergesang, und vergaß mitnichten des Cacus

Felsenverließ noch ihn, den feuerschnaubenden Unhold.
Rauschend stimmte der Wald mit ein, rings tönten die Hügel.
    Da nun das Opfer geschehn und die heilige Feier vollzogen,
Ging es zur Stadt. Der Fürst, von der Bürde des Alters ermüdet,
Heißt seinen eigenen Sohn zusamt dem großen Aeneas
Neben ihm gehn und würzt mit allerlei Reden den Heimweg.

*30/20 v. Chr.*

## Die Ara maxima (Riesenaltar) des Herkules

Zu der Zeit, als Amphitryons Sohn die Rinder sich raubte
    Und, Erythea, sie fort aus deinen Stallungen trieb,
Kam er zur Berggruppe auch, dem Palatium, das voller Herden,
    Ließ die Rinder, die müd', halten dort, müde auch er,
Wo das Velabrum in Fluten noch schwamm und wo noch der
                                                    Schiffer
    Durch die Gewässer der Stadt damals das Segel gelenkt.
Aber sie blieben nicht sicher, der Gastfreund Cacus war treulos,
    Hat durch heimlichen Raub Juppiters Ehre beschmutzt.
Cacus, der heimisch dort, hauste in grausiger Höhle als Räuber,
    Und aus drei Rachen zugleich dröhnte sein furchtbar Gebrüll.
Um die deutlichen Spuren des klaren Raubes zu tilgen,
    Zog er die Tiere am Schwanz rückwärts zur Höhle hinein.
Aber der Gott war Zeuge; den Dieb verrieten die Rinder,
    Und der Ergrimmte zerstört drauf die gehässige Kluft.
Von der Maenalischen Keule am dreifachen Schädel getroffen,
    Lag nun Cacus; da sprach: ›Rinder, nun geht!‹ der Alkid,
›Geht als des Herkules Rinder! Ihr schließt nun die Mühsal der
                                                    Keule,
    Rinder ihr, zweimal gesucht, zweimal als Beute erlangt;
Heiligt durch langes Gebrüll hinfort das Rindergefilde,

Und ein vornehmer Markt werd' eure Weide für Rom!‹
Sprach's, und ihn quälte der Durst, denn trocken war ihm die
Kehle.
Aber die Erde dort bot keinerlei Wasser ihm dar.
Fern jedoch, hört er, da lachen die eingeschlossenen Mädchen.
Bäume im schattigen Kreis bildeten rings einen Hain,
Trennten der fraulichen Göttin Gebiet und die heilige Quelle
Und den Kult, den kein Mann je ohne Strafe geschaut.
Purpurne Bänder umhüllten die abseits gelegene Schwelle,
Von dem duftenden Brand glänzte ein uraltes Haus,
Und eine ragende Pappel verzierte mit Laub dort den Tempel,
Dicht war ihr Schatten und hielt singende Vögel versteckt.
Hierhin stürzt er, den trockenen Bart mit Staub sich bestreuend,
Und er ruft vor dem Tor Worte, nicht würdig des Gotts:
›Euch fleh' ich an, die ihr spielt in der heiligen Grotte des Haines,
Öffnet ermüdetem Mann gastlich das göttliche Haus!
Irr' ja bedürftig des Quells, und rings erschallt es von Wassern;
Wenn ich vom Strom nur schöpf', schon eine Handvoll
genügt.
Habt ihr von einem gehört, der den Himmel trug auf dem
Nacken?
Das bin ich. Und, befreit, nennt den Alkiden die Welt.
Wer hätte nicht die Taten von Herkules' Keule erfahren
Und von den Pfeilen, die kein gräßliches Untier verfehlt,
Daß einem einzigen Menschen das Stygische Dunkel geleuchtet,
(Der von dort wiedergekehrt, was doch noch keinem
vergönnt?
Schenke nun, Mutter, die Rast dem Armen von all seiner
Mühsal,)
Nehmt den Müden hier auf, der soviel Leid schon ertrug!
Denkt ihr der zürnenden Juno vielleicht ein Opfer zu bringen?
Auch die Stiefmutter hätt' nie ihren Quell mir verwehrt.
Wenn aber jemand mein Antlitz erschreckt und die Mähne des
Löwen
Oder mein Haar, das mir Libyens Sonne verbrannt,
Ach, ich hab' ja auch Sklavendienst an dem Lydischen Rocken

Und in Sidonischem Kleid tägliche Arbeit getan.
Und die haarige Brust umschloß eine weibische Binde;
Trotz meiner schwieligen Hand war ich als Zofe geschickt.‹
So der Alkide; doch drauf die gütige Priesterin also,
Der das aschgraue Haar purpurn die Binde umschlang:
›Fremdling, hüt deine Augen und weich aus dem heiligen Haine,
Weiche doch ja und verlaß – noch kannst du's sicher – das Tor!
Untersagt ist für Männer nach finsterer Regel der Altar,
Der ja geheiligt sich selbst schirmt im entlegenen Heim.
Schwer mußt' den Anblick der Pallas der Seher Teiresias büßen,
Wie sie die Gorgo entfernt und ihren Heldenleib wusch.
Wiesen die Götter dir sonst einen Quell! Dies Wasser ist abseits
Und in geheimem Lauf einzig für Mädchen bestimmt.‹
Also das Weib. Doch er drückt aufs umschattete Tor mit der
Schulter,
Und die verschlossene Tür trug nicht des Dürstenden Zorn.
Als er den Bach dann völlig geleert und die Glut überwunden –
Kaum war trocken der Mund –, gab er das finstre Gesetz:
›Nun empfängt dieser Winkel der Welt mich, der ich mein
Schicksal
Mit mir schlepp', und dies Land öffnet mir Müdem sich kaum.
Den ich gelobt, den Riesenaltar, als die Herde gefunden‹,
Sprach er, ›den Riesenaltar schufen die Hände hier jetzt.
Niemals sei es den Mädchen erlaubt, dran flehend zu beten,
Und des Herkules Durst werde so ewig gerächt.‹
Da er den Erdkreis durch Taten gesäubert und damit geheiligt,
Hat ihn zum Heiligen so Tatius' Cures gemacht.
Heiliger Vater, dich grüß ich, dem freund nun die zornige Juno,
Heiliger, hold sei auch mir bei meiner Dichtung hinfort!

*ca. 16 v. Chr.*

OVID

# Metamorphosen

*Herkules' Tod und Vergöttlichung 9, 134-272*

Lang war die Frist der verstrichenen Zeit, und Herkules' Taten
hatten die Erde erfüllt und Juno versöhnt mit dem Stiefsohn.
Opfer dem Jupiter wollt auf Cenaeum Oechalias Sieger
weihn, wie gelobt; da eilte voraus zu Deianiras
Ohren die schwatzende Mär, die Falsches zu tun zu dem Wahren
liebt und von kleinem Beginn anwächst durch häufige Lügen,
daß von Iole ganz der Amphitryonide bestrickt sei.
Sie, die Liebende, glaubt's, und erschreckt von der Kunde der
                                                      Untreu,
ließ die Arme zuerst den Tränen den Lauf, und in Zähren
weinte den Schmerz sie aus; bald drauf: »Was weinen wir aber?«
sagte sie. »Freun nur wird sich ob unserer Tränen die Buhle.
Schon kommt jene heran; drum rasch und etwas ersonnen,
eh es zu spät und in unser Gemach einziehet die andre!
Ob ich klag, ob ich schweig, heimkehre nach Calydon, bleibe?
Ob ich verlasse das Haus, ob, wenn nichts weiter, mich wehre?
Wie nun, wenn ich gedenk, daß ich Schwester von dir, Meleagros,
kühn mich ermannte zur Tat, und wessen beleidigte Ehre
fähig und weiblicher Schmerz, dartäte im Morde der Buhle?«
Vielfach hat Vorsätze ihr Geist. Dann aber beschließt sie,
hinzuschicken das Kleid, durchdrungen vom Blute des Nessus,
daß er erneuete Kraft der erloschenen Liebe verleihe.
Unkund, was sie ihm reicht, reicht jene dem arglosen Lichas
selbst ihr eigenes Weh und bittet ihn freundlich, die Ärmste,
daß er bringe dem Mann das Geschenk. Ohn Arg es empfangend,
legt um die Schultern das Gift der lernäischen Schlange der Heros.

Weihrauch gab er und frommes Gebet der beginnenden Flamme,
Wein auch goß er dazu auf den marmornen Herd aus der Schale.
Siehe, der Plage Gewalt wird warm; und gelöst von der Flamme,
dringet sie weit umher, durch Herkules' Glieder ergossen.

64

Mannhaft hielt er zurück, solang er vermochte, die Klage.
Als die Geduld von dem Leiden besiegt, da stieß er den Altar
weg und begann mit Geschrei zu erfüllen den waldigen Oeta.
Ohne Verzug nun strebt er das tödliche Kleid zu zerreißen:
Wo er es zieht, zieht jenes die Haut und – gräßlich zu sagen –
bleibt an die Glieder geklebt, Trotz bietend den zerrenden Händen
oder entblößt das zerrissene Fleisch und die mächtigen Knochen.
Selber das Blut hebt an, wie zuweilen getaucht in den Löschtrog
glühender Stahl, zu zischen und kocht von dem brennenden
                                                          Gifte.
Maß ist nicht; durch die Brust geht zehrend das gierige Feuer;
dunkeler Schweiß fließt rings vom Leibe herab, und die Sehnen
knacken von Brande gesengt, und als vom verborgenen Gifte
flüssig geworden das Mark, da hob er zum Himmel die Hände:

»Weide dich, Tochter Saturns«, so rief er, »an meinem Verderben;
weide dich nun und sieh, Grausame, von oben die Drangsal;
labe dein hartes Gemüt! Doch rühr ich die Feindin zum Mitleid
– dir ja bin ich ein Feind –, nimm weg die entsetzlich gequälte,
dir so verhaßte und nur zu Mühen geborene Seele.
Tod ist mir ein Geschenk; so ziemt Stiefmüttern zu schenken.
Darum hab ich Busiris erlegt, der scheußlich den Tempel
färbte mit Fremdlingsblut, und dem grausen Antaeus der Mutter
stärkende Nähe entrückt, und vor des iberischen Hirten
Dreihaupt nicht mich entsetzt noch auch vor Cerberus'
                                                    Dreihaupt?
Bogt ihr nicht das Gehörn, ihr Arme, dem riesigen Stiere?
Kunde von euch gibt Elis, von euch die stymphalischen Wellen
und der parthenische Wald. Fernher trug euere Kühnheit
aus thermodontischem Gold das Gehenk mit getriebener Arbeit
heim und die Äpfel, bewacht von dem schlafentbehrenden
                                                    Drachen.
Stand nicht hielten vor mir die Centauren im Kampf, und der Eber
hielt nicht stand, Arkadiens Schreck. Nichts half es der Hyder,
daß im Verluste sie wuchs und gewann stets doppelte Kräfte.
Ja, von menschlichem Blut auch sah ich die Rosse des Thrakers

feist und die Krippen gefüllt mit Fetzen verstümmelter Leichen,
sah's und stürzte sie um und erschlug so Rosse wie Eigner.
Hier von den Armen gewürgt liegt tot das nemeische Untier.
Ich trug untergestemmt den Olymp. Müd ist des Befehlens
Jupiters grausames Weib; ich bin nicht müde der Arbeit.
Nun kommt neuer Verderb, dem weder vermag zu begegnen
männlicher Mut noch Waffen und Wehr. In den innersten
                                               Lungen
irret gefräßiger Brand und zehrt durch alle die Glieder.
Aber Eurystheus ist wohlauf, und an waltende Götter
glauben sie noch.« So sprach er und schritt auf der Höhe des Oeta
also versehrt einher, wie wenn in dem Leibe den Wurfspieß
trägt der getroffene Stier und der Tat Urheber geflohn ist.
Oft stieß lautes Gestöhn er aus, oft sah man ihn beben,
oft aufs neue versucht' er das ganze Gewand zu zerreißen,
schmetterte Stämme zur Erd und wütete gegen die Berge,
oder er streckte hinan zum Himmel des Vaters die Arme.


Lichas

Da nimmt Lichas er wahr, der zitternd sich unter dem Felshang
duckte,  und rief, wie der Schmerz ihm die Wut aufs höchste
                                            gesteigert:
»Du hast, Lichas, gebracht die unheilbergende Gabe?
Du wirst Mörder an mir?« Bleich steht mit Zittern und Beben
Lichas und spricht voll Zagen der Schuld entlastende Worte.
Während er sprach und den Knien mit den Händen gedachte zu
                                            nahen,
packt ihn der Held und wirft ihn zu drei, vier Malen gewirbelt
in das euböische Meer mit stärkerer Wucht als ein Wurfzeug.
Jener, indessen er flog in den luftigen Räumen, verharschte.
Wie man vermeint, daß Regen gerinnt bei frostigem Winde,
Schnee draus wird, dann, wenn sich geballt die kreisenden
                                            Flocken,
dichter der Klumpen sich schließt und zur starrenden
                                            Schloße sich rundet:

also auch, durch die Luft von den kräftigen Armen geschleudert,
wurde, vor Furcht blutlos und nichts von Feuchte behaltend,
Lichas zu hartem Gestein nach des früheren Alters Berichten.
Jetzt noch ragt in die Höhe ein Fels im euböischen Sunde
karg an Raum und bewahrt noch Spuren von menschlicher
                                                    Bildung.
Ihn, als fühlte der Stein, trägt Scheu zu betreten der Schiffer,
der ihn Lichas benennt. Du, Jupiters herrlicher Sprößling,
gibst, als Bäume gefällt, die trug der erhabene Oeta,
und zum Brande gehäuft, mit dem Bogen den räumigen Köcher
und die Geschosse, bestimmt einst nochmals Troja zu schauen,
ab an des Poeas Sohn. Der legt dienstfertig die Flamme
unter den Stoß, und indem in die Scheiter das gierige Feuer
einschlägt, breitest du aus das nemeische Fell auf des Holzes
oberster Schicht und streckst dich, gelehnt an die Keule den
                                                    Nacken,
mit nicht andrem Gesicht, als wärst du gelagert am Gastmahl,
kurzumwunden das Haupt bei gefülleten Bechern des Weines.
Lodernd prasselte schon rings um sich greifend die Flamme,
und an den sorglosen Leib und an ihren Verächter zu kommen,
strebte sie. Bangen ergriff um den Schirmer der Erde die Götter.
Da mit heiterem Mund sprach also der Sohn des Saturnus,
Jupiter, der es gemerkt:»Wie freut mich, ihr himmlischen Götter,
euere Furcht! Ich wünsche mir Glück vom Grunde des Herzens,
daß von erkenntlichem Volk ich Herrscher und Vater genannt bin,
und daß euere Gunst auch Schutz gibt meinem Geschlechte.
Wird auch solches zuteil nur seinen gewaltigen Taten,
weiß ich doch selbst euch Dank. Daß aber die treuen Gemüter
eitele Furcht nicht schreckt, laßt brennen die Flammen des Oeta!
Er, der alles bezwang, wird drunten das Feuer bezwingen.
Nur sein mütterlich Teil wird spüren den starken Vulcanus;
was er empfangen von mir, muß ewig bestehen, dem Tode
unzinsbar und entrückt und nimmer der Flamme zerstörbar,
und dies will ich erlöst von den irdischen Mühn zu des Himmels
Räumen erhöhn, und es wird mein Tun, so hoff ich, erfreulich
allen Unsterblichen sein. Wenn aber den Herkules jemand

schaut als Gott mit Verdruß, der gönnt wohl nicht die Belohnung,
aber er weiß, daß ihm sie gebührt, und billigt sie dennoch.«
Beifall zollte der Rat; auch schien die Gemahlin des Königs
mit nicht düsterem Blick zu vernehmen die übrige Rede,
doch mit düstrem den Schluß, weil kränkend sie traf die
Bezeichnung.

Mulciber hatte indes, was irgend der Flamme verwüstlich,
alles von hinnen gerafft. Nicht mehr ist kenntlich geblieben
Herkules' Bild, und nichts, was stammte vom Wesen der Mutter,
hat er bewahrt, und es bleiben an ihm nur Jupiters Spuren.
Wie sich die Schlange verjüngt, wenn der Balg mit dem Alter
entfallen,
üppigen Lebens erfreut und prangt mit erneueten Schuppen:
so mit dem edleren Teil, des sterblichen Leibes entkleidet,
lebt der Tirynthier fort in Fülle der Kraft und beginnet
größer zu werden und Scheu durch heilige Würde zu heischen.
Jetzt auf dem Viergespann trug ihn der allmächtige Vater
mitten in hohlem Gewölk hinweg zu den strahlenden Sternen.

*zu Beginn des 1. Jahrhunderts n. Chr.*

LUCIAN

## Diogenes und Herkules

DIOGENES  Sollte das nicht Herkules seyn? Beym Herkules! er
ists und kein anderer! Es ist sein Bogen, seine Keule, seine
Löwenhaut, seine Statur. Aber wie kann der Sohn Jupiters
gestorben seyn? – Mit Erlaubniß, o du Sieger der schönsten
Siege, sey so gut und sage mir, ob du todt bist. Wie ich noch
im Leben war opferte ich dir als einem Gott –
HERKULES  Und daran thatest du sehr recht: denn der wahre Herkules

Lebt bey den Göttern im Himmel und hat die schönfüßige Hebe.

Ich bin nur seine Gestalt.

Diogenes Wie verstehst du das, die Gestalt des *Gottes* Herkules? Und wie ist es möglich, daß einer zur einen Hälfte ein Gott, und zur andern gestorben seyn könnte?

Herkules Sehr möglich! Denn nicht *Er* ist gestorben, sondern nur ich, sein Bild.

Diogenes Ich verstehe: er hat dem Pluto statt seiner einen andern Mann gestellt, und der bist *du?* Du bist, so zu sagen, *in seinem Nahmen* todt?

Herkules So ungefehr.

Diogenes Aber Aekus ist sonst ein Mann, der es sehr genau nimmt: wie kam es, daß er den Betrug nicht merkte und einen untergeschobenen Herkules für den Wahren passiren ließ?

Herkules Das kam daher weil ich ihm vollkommen ähnlich bin.

Diogenes Da hast du recht; so vollkommen ähnlich, daß du *er selbst* seyn könntest. Nimm dich in Acht, es könnte sich gerade umgekehrt verhalten, nehmlich, daß *du* Herkules wärest, und deine Gestalt hätte die schöne Hebe bey den Göttern geheurathet.

Herkules Du bist ein naseweiser Bursche und ein Wizling! Wenn du nicht gleich aufhörst zu spotten, so sollst du auf der Stelle fühlen, wer der Gott ist dessen Gestalt ich bin!

Diogenes Ich sehe daß du schußfertig bist: aber was könnt' ich von dir zu fürchten haben, da ich einmal todt bin? Aber sage mir ich beschwöre dich bey deinem Herkules, wie er noch am Leben war, warest *du* seine Gestalt, auch bey ihm? oder, machtet ihr im Leben nur Eine Person aus, und trenntet euch erst im Tode? *Er* nehmlich flog zu den Göttern auf, und du, seine Gestalt, wandertest, wie billig, in die Unterwelt.

Herkules Ich sollte mich mit so einem muthwilligen Schikanenmacher gar nicht eingelassen haben: Ich will dir aber gleichwohl soviel sagen: alles was an Herkules vom Amphitryo war, das starb, und dieß Alles bin *ich;* was aber vom Jupiter war, das ist im Himmel bey den Göttern.

DIOGENES Nun geht mir ein Licht auf. Alkmena hat zu gleicher Zeit zwey Herkulesse gebohren, einen vom Amphitryo und einen vom Jupiter: ihr waret also eigentlich Zwillinge, von verschiedenen Vätern und Einer Mutter; und das war es, was man bisher noch nicht gewußt hat.

HERKULES Mit nichten, Dummkopf! Wir beyde machten ihn selbst, den einzigen Herkules, aus.

DIOGENES Das ist eben nicht so leicht zu begreifen, wie zwey Herkulesse so zusammengesetzt werden konnten daß sie nur Einen ausmachten; ihr müßtet denn nur eine Art von *Centaur* gewesen seyn, ein Mensch und ein Gott in Ein Wesen zusammengewachsen.

HERKULES Siehst du denn nicht daß alle Menschen auf die nehmliche Art aus zwey Stücken, Seele und Leib, zusammengesetzt sind? Wo sollte denn also das Hinderniß liegen, daß die Seele nicht im Himmel sey, und ich, der sterbliche Theil, unter den Todten?

DIOGENES Das wäre recht schön, edler Amphitryoniade, wenn *du* ein *Körper* wärest: so aber bist du ja nichts weiter als eine unkörperliche Gestalt. Wie ich merke, wirst du am Ende noch gar einen dreyfaltigen Herkules herausbringen.

HERKULES Und warum eine dreyfaltigen?

DIOGENES *So* etwan: Einer davon ist im Himmel; du, die Gestalt, bist bey uns; und der Körper verbrannte auf dem Oeta zu Asche: das macht doch, sollt' ich meinen, drey? Du magst also sehen, wo du einen dritten Vater für den *Körper* her nehmen willst.

HERKULES Das ist ein kecker sophistischer Bursche! – Und wer bist denn *du* deines Zeichens?

DIOGENES Die *Gestalt* des Diogenes von Sinope: *ich selbst* aber gehe, beym Jupiter! zwar nicht mit den unsterblichen Göttern, aber doch mit den Besten der Todten um, und mockiere mich über Homer und über alle solche Schnurrpfeiffereyen!

*um 160 n. Chr.*

JOHANN HEMELING

## Arithmetisch- Poetisch- und Historisch-
## Erquick-Stund. Fünfft Aufgab

Als Hercules in einer Schlacht /
Den Geryon hat ümgebracht /
Krigt' er zur Beut / im grünen Thal /
An Ochsen eine große Zahl.
Ließ die auff blumenreicher Heid'
Im Grünen suchen ihre Weid'.
Vulcanus Sohne: Kakus ward
Daß kund der schlich nach Diebes Arth /
Ganz Listiglich hin an den Orth /
Nam von den Ochsen richtig fort /
Einsechzehntheil der gantzen Heerd'.
Trieb die gantz listig und verkehrt /
Zu seiner Höle / drin man nicht /
Fast kundte sehn des Tages Licht /
Das Vieh rieff unauffhörlich dar /
Dieweil es eingesperret war /
So daß auch zu der Höllen Thür /
Desselben Stimme drang herfür.
Der Hercules kam auff die Heid'
Das Vieh zu holen auß der Weid'
Er merckte bald die schlimme Tück'
In dem er hundert zwanzig Stück /
An Ochsen / nuhr fand / drüber er /
Voll Grimmes ward / sucht hin und her /
Die Gegend durch / jedoch vernam
Er nichts biß er zur Hölen kam /
Da höret er des Viehes Stimm /
Fiel an die Höl mit großem Grimm /
Erobert und zerstöret sie /
Schlug Kakus todt / erlöst das Vieh /
Trieb solches schleunig zu der Schar /

Davon es ihm entwendet war /
Und fort / drauff / die gantz Herd in Ruh
Dem König Eurysteo zu:
Hierauff mein Rechner gebt Bericht /
Durch Rechnekunst und fehlet nicht /
Wie viel des Viehes Hercules /
Gesämtlich / obigem gemeß /
Gehabt / und Kakus vor berühret
Ihm von denselben hat entführet?

*(Lösung: 128 Ochsen gehabt und*
*8 Ochsen sind entführt.*
*Es wird nichts so klein gesponnen /*
*Endlich kommt es an die Sonnen.)*

*ca. um 1650*

GIAMBATTISTA VICO

## Die Neue Wissenschaft über die gemeinschaftliche Natur der Völker

Auf dem Streifen des Tierkreises, der die Weltkugel in ihrer vollen Ausdehnung umspannt, erscheinen in erhabener Arbeit nur die beiden Zeichen des Löwen und der Jungfrau, um zu bedeuten, daß diese Wissenschaft in ihren Prinzipien zuerst betrachtet Herkules, (denn es zeigt sich, daß jedes heidnische Volk von einem solchen erzählt, der sein Gründer gewesen sei); und zwar betrachtet sie ihn bei seiner schwersten Arbeit, welches die war, durch die er den Löwen tötete, der flammenspeiend den nemeischen Wald entzündete; mit seinem Fell geschmückt wurde Herkules zu den Sternen erhoben; hier wird gezeigt, daß der Löwe der alte große Urwald der Erde war, an den Herkules als ein Charakter politischer Heroen, wie sie vor den kriegerischen Heroen auftreten mußten, das Feuer legte und ihn dem Ackerbau unterwarf; und andererseits betrachtet sie ihn, um den Anfang der Zeiten zu geben, welcher bei den Griechen (die uns alles überliefert haben, was wir von der heidnischen Urzeit wissen) von den Olympiaden begann, mit den olympischen Spielen, deren Gründer ebenfalls Herkules gewesen sein soll; diese Spiele müssen von den nemeischen herstammen, eingeführt, um Herkules' Sieg über den Löwen zu feiern; und so begannen bei den Griechen die Zeiten, seit unter ihnen der Anbau der Felder begann.

*1725*


PETER HUCHEL

## Unterm Sternbild des Hercules

Eine Ortschaft,
nicht größer
als der Kreis,
den abends am Himmel
der Bussard zieht.

Eine Mauer,
rauh behauen, brandig
von rötlichem Moos.
Ein Glockenton,
der über schimmernde Wasser
den Rauch
der Oliven trägt.
Feuer,
von Halmen genährt
und nassem Laub,
durchweht von Stimmen,
die du nicht kennst.

Schon in die Nacht gebeugt,
ins eisige Geschirr,
schleppt Hercules
die Kettenegge der Sterne
den nördlichen Himmel hinauf.

*1969*

JOHANN JOACHIM WINCKELMANN

## Beschreibung des Torso im Belvedere zu Rom

Ich teile hier eine Beschreibung des berühmten Torso im Belvedere mit, welcher insgemein der *Torso von Michelangelo* genannt wird, weil dieser Künstler dieses Stück besonders hochgeschätzt und viel nach demselben studiert hat. Es ist eine verstümmelte Statue eines sitzenden Herkules, wie bekannt ist, und der Meister desselben ist Apollonius, des Nestors Sohn von Athen. Diese Beschreibung geht nur auf das Ideal der Statue, sonderlich da sie idealisch ist, und ist ein Stück von einer ähnlichen Abbildung mehrerer Statuen.

Die erste Arbeit, an welche ich mich in Rom machte, war, die Statuen im Belvedere, nämlich den Apollo, den Laokoon, den sogenannten Antinous und diesen Torso, als das Vollkommenste der alten Bildhauerei, zu beschreiben. Die Vorstellung einer jeden Statue sollte zwei Teile haben, der erste in Absicht des Ideals, der andere nach der Kunst, und meine Meinung war, die Werke selbst von dem besten Künstler zeichnen und stechen zu lassen. Diese Unternehmung aber ging über mein Vermögen und würde auf dem Vorschub freigebiger Liebhaber beruhen. Es ist daher dieser Entwurf, über welchen ich viel und lange gedacht habe, unbeendigt geblieben, und gegenwärtige Beschreibung selbst möchte noch die letzte Hand nötig haben.

Der Torso von Belvedere. Vatikan

Man sehe sie an als eine Probe von dem, was über ein so vollkommenes Werk der Kunst zu denken und zu sagen wäre, und als eine Anzeige von Untersuchung in der Kunst. Denn es ist nicht genug, zu sagen, daß etwas schön ist, man soll auch wissen, in welchem Grade und warum es schön sei. Dieses wissen die Antiquarii in Rom nicht, wie mir diejenigen Zeugnis geben werden, die von ihnen geführt sind, und sehr wenige Künstler sind zur Einsicht des Hohen und Erhabenen in den Werken der Alten gelangt. Es wäre zu wünschen, daß sich jemand fände, dem die Umstände günstig sind, welcher eine Beschreibung der besten Statuen, wie sie zum Unterrichte junger Künstler und reisender Liebhaber unentbehrlich wäre, unternehmen und nach Würdigkeit ausführen könnte.

Ich führe dich zu dem so viel gerühmten und niemals genug gepriesenen Torso eines Herkules, zu einem Werke, welches das schönste in seiner Art und unter diesen höchsten Hervorbringungen der Kunst zu zählen ist, von denen, welche bis auf unsere Zeiten gekommen sind. Wie werde ich dir denselben beschreiben, da er der schönsten und der bedeutendsten Teile der Natur beraubt ist! So wie von einer prächtigen Eiche, welche umgehauen und von Zweigen und Ästen entblößt worden, nur der Stamm allein übriggeblieben ist, so gemißhandelt und verstümmelt sitzt das Bild des Helden. Kopf, Arme und Beine und das Oberste der Brust fehlen.

Der erste Anblick wird dir vielleicht nichts, als einen verunstalteten Stein entdecken, vermagst du aber in die Geheimnisse der Kunst einzudringen, so wirst du ein Wunder derselben erblicken, wenn du dieses Werk mit einem ruhigen Auge betrachtest. Alsdann wird dir Herkules wie mitten in allen seinen Unternehmungen erscheinen, und der Held und der Gott werden in diesem Stücke zugleich sichtbar werden.

Da, wo die Dichter aufgehört haben, hat der Künstler angefangen. Jene schwiegen, sobald der Held unter die Götter aufgenommen und mit der Göttin der ewigen Jugend ist vermählt worden. Dieser aber zeigt uns denselben in einer vergötterten Gestalt und mit einem gleichsam unsterblichen

Leibe, welcher dennoch Stärke und Leichtigkeit zu den großen Unternehmungen, die er vollbracht, behalten hat.

Ich sehe in den mächtigen Umrissen dieses Leibes die unüberwundene Kraft des Besiegers der gewaltigen Riesen, die sich wider die Götter empörten und in den phlegräischen Feldern von ihm erlegt wurden, und zu gleicher Zeit stellen mir die sanften Züge dieser Umrisse, die das Gebäude des Leibes leicht und gelenksam machen, die geschwinden Wendungen desselben in dem Kampfe mit dem Achelous vor, der mit allen vielförmigen Verwandlungen seinen Händen nicht entgehen konnte.

In jedem Teile dieses Körpers offenbart sich, wie in einem Gemälde, der ganze Held in einer besonderen Tat, und man sieht, so wie die richtigen Absichten in dem vernünftigen Baue eines Palastes, hier den Gebrauch, zu welcher Tat ein jeder Teil gedient hat.

Ich kann das wenige, was von der Schulter noch zu sehen ist, nicht betrachten, ohne mich zu erinnern, daß auf ihrer ausgebreiteten Stärke, wie auf zwei Gebirgen, die ganze Last der himmlischen Kreise geruht hat. Mit was für einer Großheit wächst die Brust an, und wie prächtig ist die anhebende Rundung ihres Gewölbes! Eine solche Brust muß diejenige gewesen sein, auf welcher der Riese Antäus und der dreileibige Geryon erdrückt wurden. Keine Brust eines drei- und viermal gekrönten olympischen Siegers, keine Brust eines spartanischen Kriegers von Helden geboren, muß sich so prächtig und erhöht gezeigt haben.

Fragt diejenigen, die das Schönste in der Natur der Sterblichen kennen, ob sie eine Seite gesehen haben, die mit der linken Seite zu vergleichen ist. Die Wirkung und Gegenwirkung ihrer Muskeln ist mit einem weislichen Maße von abwechselnder Regung und schneller Kraft wunderwürdig abgewogen, und der Leib mußte durch dieselbe zu allem, was er vollbringen wollen, tüchtig gemacht werden. So wie in einer anhebenden Bewegung des Meeres die zuvor stille Fläche in einer nebligen Unruhe mit spielenden Wellen anwächst, wo eine von der andern verschlungen und aus derselben wiederum hervorgewälzt wird, ebenso sanft aufgeschwellt und schwebend gezogen fließt hier eine Muskel in die andere, und eine dritte, die sich zwischen ihnen erhebt und ihre Bewegung zu verstärken scheint, verliert sich in jener, und unser Blick wird gleichsam mit verschlungen.

Hier möchte ich stille stehen, um unseren Betrachtungen Raum zu geben, der Vorstellung ein immerwährendes Bild von dieser Seite einzudrücken, allein die hohen Schönheiten sind hier in einer unzertrennlichen Mitteilung. Was für ein Begriff erwächst zugleich hieher aus den Hüften, deren Festigkeit andeuten kann, daß der Held niemals gewankt und nie sich beugen müssen!

In diesem Augenblicke durchfährt mein Geist die entlegensten Gegenden der Welt, durch welche Herkules gezogen ist, und ich werde bis an die Grenzen seiner Mühseligkeiten und bis an die Denkmale und Säulen, wo sein Fuß ruhte, geführt durch den Anblick der Schenkel von unerschöpflicher Kraft und von einer den Gottheiten eigenen Länge, die den Held durch hundert Länder und Völker bis zur Unsterblichkeit getragen haben. Ich fing an, diese entfernten Züge zu überdenken, als mein Geist zurückgerufen wird durch einen Blick auf seinen Rücken. Ich wurde entzückt, da ich diesen Körper von hinten ansah, so wie ein Mensch, der, nach Bewunderung des prächtigen Portals an einem Tempel, auf die Höhe desselben geführt würde, wo ihn das Gewölbe desselben, welches er nicht übersehen kann, von neuem in Erstaunen setzt.

Ich sehe hier den vornehmsten Bau der Gebeine dieses Leibes, den Ursprung der Muskeln und den Grund ihrer Lage und Bewegung, und dieses alles zeigt sich wie eine von der Höhe der Berge entdeckte Landschaft, über welche die Natur den mannigfaltigen Reichtum ihrer Schönheiten ausgegossen. So wie die lustigen Höhen derselben sich mit einem sanften Abhange in gesenkte Täler verlieren, die hier sich schmälern und dort erweitern, so mannigfaltig, prächtig und schön erheben sich hier schwellende Hügel von Muskeln, um welche sich oft unmerkliche Tiefen, gleich dem Strome des Mäander, krümmen, die weniger dem Gesichte, als dem Gefühle offenbar werden.

Scheint es unbegreiflich, außer dem Haupte, in einem andern Teile des Körpers eine denkende Kraft zu zeigen, so lernt hier, wie die Hand eines schöpferischen Meisters die Materie geistig zu machen vermögend ist. Mich deucht, es bilde mir der Rücken, welcher durch hohe Betrachtungen gekrümmt scheint, ein Haupt, das mit einer frohen Erinnerung seiner erstaunenden Taten beschäftigt ist. Und indem sich so ein Haupt voll von Majestät und Weisheit vor meinen Augen erhebt, fangen in meinen Gedanken die übrigen mangelhaften Glieder sich an zu bilden: Es sammelt sich ein Ausfluß aus dem Gegenwärtigen und wirkt gleichsam eine plötzliche Ergänzung.

Die Macht der Schulter deutet mir an, wie stark die Arme gewesen, die den Löwen auf dem Gebirge Kithäron erwürgt, und mein Auge sucht sich diejenige zu bilden, die den Cerberus gebunden und weggeführt haben. Seine Schenkel und das erhaltene Knie geben mir einen Begriff von den Beinen, die niemals ermüdet sind, und den Hirsch mit Füßen von Erze verfolgt und erreicht haben.

Durch eine geheime Kunst aber wird der Geist durch alle Taten seiner Stärke bis zur Vollkommenheit seiner Seele geführt, und in diesem Sturze ist ein Denkmal derselben, welches ihm keine Dichter, die nur die Stärke seiner Arme besingen, errichtet, der Künstler hat sie übertroffen. Sein Bild des Helden gibt keinen Gedanken von Gewalttätigkeit und ausgelassener Liebe Platz. In der Ruhe und Stille des Körpers offenbart sich der gesetzte große Geist, der Mann, welcher sich aus Liebe zur Gerechtigkeit den größten Gefährlichkeiten ausgesetzt, der den Ländern Sicherheit und den Einwohnern Ruhe geschafft.

In diese vorzügliche und edle Form einer so vollkommenen Natur ist gleichsam die Unsterblichkeit eingehüllt, und die Gestalt ist bloß wie ein Gefäß derselben. Ein höherer Geist scheint den Raum der sterblichen Teile eingenommen und sich an die Stelle derselben ausgebreitet zu haben. Es ist nicht mehr der Körper, welcher noch wider Ungeheuer und Friedensstörer zu streiten hat, es ist derjenige, der auf dem Berge Öta von den Schlacken der Menschheit gereinigt worden, die sich von dem Ursprunge der Ähnlichkeit des Vaters der Götter abgesondert.

So vollkommen hat weder der geliebte Hyllus, noch die zärtliche Jole den Herkules gesehen. So lag er in den Armen der Hebe, der ewigen Jugend, und zog in sich einen unaufhörlichen Einfluß derselben. Von keiner sterblichen Speise und groben Teilen ist sein Leib ernährt. Ihn erhält die Speise der Götter, und er scheint nur zu genießen, nicht zu nehmen, und völlig, ohne angefüllt zu sein.

O möchte ich dieses Bild in der Größe und Schönheit sehen, in welcher es sich dem Verstande des Künstlers geoffenbart hat, um nur allein von dem Überreste sagen zu können, was er gedacht hat, und wie ich denken sollte! Mein großes Glück nach dem seinigen würde sein, dieses Werk würdig zu beschreiben. Voller Betrübnis aber bleibe ich stehen, und so wie Psyche anfing die Liebe zu beweinen, nachdem sie dieselbe kennen gelernt, so bejammere ich den unersetzlichen Schaden dieses Herkules, nachdem ich zur Einsicht der Schönheit desselben gelangt bin.

Die Kunst weint zugleich mit mir. Denn das Werk, welches sie den größten Erfindungen des Witzes und Nachdenkens entgegensetzen, und durch welches sie noch jetzt ihr Haupt wie in ihren goldenen Zeiten zu der größten Höhe menschlicher Achtung erheben könnte, dieses Werk, welches vielleicht das letzte ist, in welches sie ihre äußersten Kräfte gewandt hat, muß sie halb vernichtet und grausam gemißhandelt sehen. Wem wird hier nicht der Verlust so vieler hundert anderer Meisterstücke derselben zu Gemüte geführt! Aber die Kunst, welche uns weiter unterrichten will, ruft uns von diesen traurigen Überlegungen zurück und zeigt uns, wieviel noch aus dem Übriggebliebenen zu lernen ist, und mit was für einem Auge es der Künstler ansehen müsse.

*1759*

## An Herkules

In der Kindheit Schlaf begraben
Lag ich, wie das Erz im Schacht;
Dank, mein Herkules! den Knaben
Hast zum Manne du gemacht,
Reif bin ich zum Königssize
Und mir brechen stark und groß
Thaten, wie Kronions Blize,
Aus der Jugend Wolke los.

Wie der Adler seine Jungen,
Wenn der Funk' im Auge klimmt,
Auf die kühnen Wanderungen
In den frohen Aether nimmt,
Nimmst du aus der Kinderwiege,
Von der Mutter Tisch' und Haus
In die Flamme deiner Kriege,
Hoher Halbgott mich hinaus.

Wähntest du, dein Kämpferwagen
Rolle mir umsonst ins Ohr?
Jede Last, die du getragen,
Hub die Seele mir empor,
Zwar der Schüler mußte zahlen;
Schmerzlich brannten, stolzes Licht
Mir im Busen deine Stralen,
Aber sie verzehrten nicht.

Wenn für deines Schiksaals Woogen
Hohe Götterkräfte dich,
Kühner Schwimmer! auferzogen,
Was erzog dem Siege mich?

81

Was berief den Vaterlosen,
Der in dunkler Halle saß,
Zu dem Göttlichen und Großen,
Daß er kühn an dir sich maß?

Was ergriff und zog vom Schwarme
Der Gespielen mich hervor?
Was bewog des Bäumchens Arme
Nach des Aethers Tag empor,
Freundlich nahm des jungen Lebens
Keines Gärtners Hand sich an,
Aber kraft des eignen Strebens
Blikt und wuchs ich himmelan.

Sohn Kronions! an die Seite
Tret' ich nun erröthend dir,
Der Olymp ist deine Beute;
Komm und theile sie mit mir!
Sterblich bin ich zwar geboren,
Dennoch hat Unsterblichkeit
Meine Seele sich geschworen,
Und sie hält, was sie gebeut.

*1796–1797*

CARL SPITTELER

## Herakles' Erdenfahrt

Und als nun Herakles hinlänglich menschenhart
Befunden war, ein Lügenfeind und Widerpart
Der Massenfeigheit und der Herdenheuchelei,
Gemäß des Schöpfers Vorbild als sein Konterfei,
Erhob die Arme Zeus zum Schicksal im Gebet:
»Erhöre, Moira! Zeus der Himmelskönig fleht.

Nicht für sich selber. Mitleid heißt den Wunsch mich weinen,
Daß dein Erbarmen du vermählest mit dem meinen.
Ein Abbild hab ich mir geschaffen, willensgroß,
Zwar an Geblüt und Leibestracht ein Menschlein bloß,
Der Erde pflichtig. Vor der Übelnisse Scharen,
Ob Zeus ich heiße, kann mein Arm ihn nicht bewahren.
Gleich jedem andern wartet sein das Tränenbrot,
Und seiner tausend Mühen Endziel ist der Tod.
Ich heische keinen Göttertisch für meinen Sohn,
Nicht Volksgunst, weder Herrschermacht noch Ehrenlohn.
Um eins nur bitt ich: woll dem Ungeziefer wehren!
Laß Kränkung nicht erbittern dieses Edlen Schwären!
Gib, daß das Menschenvolk geziemlich ihn begrüße,
Und wer ihm ungebührlich naht, es schimpflich büße.«

Sieh, Moira ihm zur Seite. »Fordre!« sagte sie,
»Ich schreibe.« Sprachs und setzte sich bereit, ein Knie
Aufs andre, netzte mit dem Mund des Griffels Stift:
»Dreimal, was du verlangest, schreib ich ihm zur Gift.«
»Zunächst begehr ich«, sprach er, »ihm zum Eigentum
Das, was dem Sohn des Zeus zu Recht gebührt: den Ruhm.
Auf daß der Frechheit Schopf gezwungen sich verneige,
Und, wenn er seinen Mund erschließt, der Schwätzer schweige.«
»Vernommen«, sagte Moira, »›Ruhm‹ hab ich geschrieben.
Fahr fort, ich höre zu. Was mag dir mehr belieben?«
Und als er zweifelte: »Ich warte: was verfügt
Dein Wille weiter?«–»Nichts mehr«, schloß er, »das genügt.«
»Wie dir gefällt!« Stand auf, reicht ihm die Schicksalsrolle
Für Herakles; hernach verschwand die Gnadenvolle.

Der König aber lud zu sich die Heroldschar:
»Die Harfenspieler und die Sängerinnen darf!
Auf daß mit Hall und Schall in lieblichem Geleite
Gestärkten Mutes Herakles nach Erden schreite!«
Und als nun vor dem Tor gedämpftes Saitenschwirren
Vernommen ward und des Gelächters Gurgelgirren

Verriet der Sängerinnen übermütige Nähe,
Sprach Zeus zu Herakles: »Nun tut der Abschied wehe!«
Führt ihn hinab zum Hof und Brunnen, langt ein Glas
Und füllt es unterm Sprudel, trank daraus etwas
Und bot das übrige dem Sohne freundlich dar:
»Trink herzhaft«, mahnt er, »denn der Quell ist klar und wahr!«
Dann, ihm die Hände auf die Schultern legend: »Mann!
Geschehe, was da will, und komme, was da kann:
Du hast empfangen eine königliche Taufe,
Du hast geschlürft vom Sprudel aus der Wahrheit Traufe,
Du hast mit Zeus aus einem selben Glas getrunken –
Das raubt dir keine Macht von Tausenden Halunken.
Und brauchst du Trost einmal in einer schwarzen Stunde,
Schau auf, erinnre dich: du stehst mit mir im Bunde.
Was ich für dich vermochte, ist hiermit geschehn.
Wir wollen jetzt nach deinem Weggefolge sehn.«

Und wie nun unter Saitenspiel und Sangesbraus
Der König mit dem Sohne trat vors Haus hinaus,
Horch: Geißelknallen, Pferdeklingeln! Federn, Fahnen!
Und sieh: ein Wagenzug von fürstlichen Titanen.
»Willkomm zum Gruß! Was habt ihr mir?« rief Zeus. »Wir haben
Den Sohn des Zeus mit Angebinden zu begaben.«
»Habt Dank! Daran erkenn ich lieber Vettern Weise.«
Die Fürsten stellten sich um Herakles im Kreise:
Den Adel schenkt ihm Artemis, Apoll den Mut,
Pallas den scharfen Geist, der keinen Irrtum tut,
Hermes der Augen schönen Blick, erwärmt von Güte,
Und Aphrodite lacht ihm Frohsinn ins Gemüte.
Zeus aber sprach, den Schicksalsrodel um die Brust
Des Sohnes hängend: »Da du endlich ziehen mußt,
Empfang denn meinen Wegspruch: Allzeit Trotz im Kopf!
Scher dich um keinen Lumpenhund und sei kein Tropf!«
Danach verzog mit Sang und Klang das Weggeleite,
Geschart um Herakles, feldeinwärts in die Weite.

Hoch schwang das Reiselied voraus ins Himmelsblau,
Und goldne Ähren hielten von den Hügeln Schau.
Wer von den Ackerleuten Herakles erblickte,
War keiner, der ihm nicht ein freundlich Sprüchlein schickte.
»Wohlfahrt nach Erden! Wohlergehn im Menschenland!«
Die Knaben sprangen her und boten ihm die Hand.
Ein Mägdlein lacht aus Aug und Mund und Backen aus
Und steckt ihm vor den Busen einen Blumenstrauß.
Und andre Menschenseelen, kreuzend seine Bahn,
Lugten aus Traumesaugen ihn verwundert an:
»Wer kommt da, dessen Schritte tönen Sieg und Heil?
Und seines Heldenwuchses Stamm ist stolz und steil!«

Doch eine Jungfrau, von den Menschenseelen eine,
Höher und schöner als der andern Jungfraun keine,
Ging auf ihn zu, die Locken wie im Schlaf bewegend,
Und stellt ihn still, den Finger vor die Brust ihm legend.
Dann senkte sinnend sie die Stirn und seufzte: »Oh!
Wo ist dort fremd im Erdenland die Straße, wo?
– Sag mirs, du großer Unbekannter, sag das mir –
Die über Berg und finstre Wälder führt zu dir?
Und wärens vieler Tag und Nächte tausend Meilen,
Ich will mit hastgem Herzensatem dich ereilen.
Und wärs durch spitze Dornen, wärs durch blutige Wunden,
Ich will den Fuß nicht warten, bis ich dich gefunden.
Denn sieh: auf Erden weiß ich nicht, wo Heimat ist,
Drum will ich wohnen gehen, wo du mit mir bist.«
So seufzt im Traum die Jungfrau. Dann, den Spruch beendet,
Verzog sie ihres Wegs, den Blick zurückgewendet.

Und Herakles, von Lieb und Güte so umkreist,
Erhob im Rausch die Seele und begann im Geist:
»Von Erden einen Gipfel seh ich mahnend ragen.
Aus ernster Andacht ein Gelöbnis will ich sagen:
Ihr wonnigen Gauen des Olympos, farbenschön,
Du hehrer Himmel, schwebend über Wolkenhöhn,

Ihr Teuren alle, seid mir Zeugen: ja, ich schwöre,
Daß ich nicht mir, nur meinem Werk allein gehöre
Mit Herz und Händen, weder Lust noch Rust mir gönnend,
Das Große mögend und das Nievermochte könnend.
O Menschen, liebe Brüder, liebe Schwestern mein,
Ich will euch Freund und treuergebner Beistand sein.
Um keinen Lohn, es sei denn nach vollbrachter Tat
Ein stummer Blick der Besten, wissend, was ich tat.
Gegrüßt mir, Erde! Willig zahl ich Mühezoll.
Beseelten Mutes komm ich leisten, was ich soll.«
Er riefs, die Chöre jauchzten auf, die Harfen hallten,
Und weiter ging es durch die goldnen Felderfalten.

Doch als sie nachmals kamen auf die kahle Heide
Mit Namen Ate, oben auf der Wasserscheide,
Und nahten dem unheimlichen, verrufnen Stein,
Wo nachts Schakale heulen und tagaus, tagein
Ein scheußliches Geflügel krächzt, als schmutzige Reiher,
Aaskrähen, feige, und verschmitzte Gänsegeier,
Da trat, gebieterisch den Durchpaß mit dem Leib
Versperrend, hinterm Stein hervor ein feindlich Weib.
»Halt!« herrschte sie, die Arme wehrend vor sich hin.
Und zagend zischelte der Schreck: »Die Königin!«
»Schwenkt um!« tönt ihr Befehl. »Genug der Narrenfuhr!
Ich selber übernehme diesen. Heim die Spur!«
Bestürzt vernahmens die Gefährten: »Weh der Schere!
Zwei Fürstenworte fechten kreuzweis in die Quere.
Dort ›vorwärts‹, hier ›zurück!‹ Was tun? Verübeln freilich
Wird es der Herr. Doch Frauengroll ist nicht gedeihlich.«
Und gaben zögernd nach und lieferten, nicht gerne,
Das Opfer aus und kehrten kleinlaut in die Ferne.

»Jetzt, Herakles«, hohnlachte Hera, »bist du mein.
Und was ich mit dir habe, wird dir deutlich sein.«
Den Handbrief Moiras riß sie ihm mit heftiger Faust
Vom Hals und streut ihn in den Wind, zerpflückt, zerzaust.

Die Gänsegeier sahen zu mit Hump und Hink,
Erhaschten husch die Fetzen und entwischten flink.
»Wer darf«, schrie Herakles, »wer darf sich das erlauben,
Mein Recht von Zeus und Moiras Gnaden mir zu rauben?
Und wer bist du, daß Grausamkeit dich mag ergetzen?«

»Getrost!« rief sie, »ich will dir den Verlust ersetzen!«
Und hurtig in des Mantels Busen langend, schlang
Sie ihm ein schwarzes Brieflein um den Hals mit Zwang.
Geschlossen war das Schreiben und versiegelt noch;
Doch kaum daß er den Rauch der giftigen Runen roch,
Warf ekelnd er die Stirn zurück und sträubte sich,
Von Abscheu übermannt, und ächzte bitterlich.
Dem Ochsen gleich, wenn er, dem Todesbeil verkauft,
Plötzlich die Schlachthofmauer sieht und stöhnt und schnauft
Und sperrt die Beine, schaudernd vor dem Blutgeruch:
So Herakles vor seinem andern Schicksalsspruch.
Hera indessen rief mit einem schrillen Schrei
Einen Gewaltgen, hinterm Stein versteckt, herbei.
»Hinweg mit diesem«, gellte sie, »wohin du weißt!«
»Bewußt, erhabne Herrin, was Gehorsam heißt.«

Und wie nun Herakles an des Gewaltgen Seite
Mit schwerem Mute traurig wandert in die Weite,
Verschwindend in den Hohlweg hinterm Steine dort,
Erschwang mit schnellem Lauf Hera das Rasenbort,
Das überm Hohlweg ansteigt, folgt ihm stetig nach,
Verhöhnend den Verdammten, rief ihn an und sprach:
»Was zögerst du und weigerst widerwillentlich
Die lahmen Füße? Heißa! lustig! tummle dich!
Schützel des Zeus! Erheb zum Tanz den Hochzeitsgang:
Gar lieblich wartet dein des Menschenvolks Empfang.
Mehr sag ich nicht. Geheim! Nicht an der Zukunft naschen!
Es ist ein Findmichnicht, es soll dich überraschen.
Schatzkind der Götter, goldnes Herzblatt aller Seelen,
Komm, lehn an meine Brust, ich will dir hübsch erzählen:

›Es war einmal ein Bulle, aus dem Pferch gestoßen:
In Wüsteneinsamkeit mocht er beliebig großen.
Es war einmal ein Held, den Helden überlegen:
Sie wölkten Finsternis um ihn. Nun ficht dagegen!
Es war einmal ein Adler, flügellahm geschossen:
‚So mußt du fliegen‘, zeigten Sperling und Genossen.
Es starb einmal ein Riese. ‚Brauchts zur Warnung, Buben!‘
Lehrten die Zwerge, die ihn weinerlich begruben.
Ha! schüttle nur den Stirnbusch! Stemm nur dein Genick!
Wie? du versuchsts? du wagsts? du kreuzest meinen Blick?
Wahnwitzger Wicht! Mach auf den Schicksalsbrief und lies!
Schmeck seinen Inhalt! Schleck die Zunge! Mundet dies?
Ein Stein am Weg mit Namen ‚Nichts‘; ein Blatt im Garten;
Dem Lebensdurst die ewige Antwort: ‚Warten, warten!‘
Die Jugend, die dir klanglos von den Schultern fault;
Das Anrecht, das vergebens nach dem Richter mault;
Ohnmächtig spürend, wie dir Glaub und Hoffnung fliehn;
Durchs Fenster schauend, wie Jahrzehnte haltlos ziehn;
So Weg als Steg, so Tür als Tor zum Licht verrammelt:
Zähl, wieviel Bitterkeit ein Menschenleben sammelt!
Du meinst: ‚Halt aus! Am letzten lohnt der Sieg!‘ Huida!
Besorge nichts: der Tanz ist um, der Tod ist da!‹«

Sie riefs. Vergrämt die Straße wankend, kehrt indes
Das düstre Haupt und hob die Stimme Herakles:
»Ich frag und forsche nicht, du Unheilsweib, warum
Dein Geifer mich verfolgt. Behalts zum Eigentum!
Aus deinen Blicken, deinem Atem faucht der Haß,
Und leckern Trunk erwart ich nicht aus faulem Faß.
Doch wenn du etwa wähnst, mit deinen Mörderstreichen
Zu Bitten meine Manneswürde zu erweichen,
Enttäusch Dich, Weib! Wohl schmeckt es herb und sauer zwar,
Im Dunkeln zu ersticken, wenn man Leuchter war,
Und für zu hohen Wuchs verfemt auf Lebenszeit,
Mein bebend Herz bekennts, ist keine Kleinigkeit.
Kannst eines doch mir nicht entwenden, Unhold, eins:

Daß ich mit meinem Amt und meiner Seele eins,
Daß ich verspüre, was ich kann und wer ich bin;
Die Werke, die ich wäge, würgst du mir nicht hin.
Laß immer deines Neides Krähenschwänze rauschen:
Ich heiße Herakles, mit keinem möcht ich tauschen!«
Auf schäumte sie, zerriß vor Schmerz und wilder Wut
Die Kleider, schlug die Stirn sich, biß die Faust aufs Blut:
»O Schlag ins Angesicht! O Schmach der schmutzigen Schande!
Heiße die Himmelskönigin, und nicht imstande,
Ein nichtig sterblich Menschenmännlein weich zu schlagen!
Frechheit, noch nie erhört: ein Mensch, und will nicht klagen!
Zu dir, allmächtge Bosheit, die das Weltall schuf,
Daß jeglich Leben dir erstatte Weheruf,
Gellt mein Geschrei: Schau her, hier streitet deine Sache.
Rache für einen Glücklichen verlang ich, Rache!«
Und während sie noch sprach: ein Pfiff. Ein Bosheitsblitz
Flog an, und ein Gedanke – »ich bins!« – sprang vom Sitz.
Der züngelt ihr ins Ohr: »Willst einen Mann du kränken,
Mußt nicht an Schaden, an Beschämung mußt du denken.«
Gelernt, gemerkt. Und frischen Mutes hatte schon
Sie Herakles erreicht und schüttelt ihm den Hohn
Aus vollem Ärmel übers Haupt: »Viel Gunst und Gaben
Hast du von andrer Huld! Du darfst auch meine haben:
Ein weiches Narrenherz vermach ich dir – greif zu! –
Daß nie ein ärmrer Narr auf Erden war als du;
Das nach geträumten Sonnen deine Sehnsucht prellt,
Das Fleisch und Blut als Gottheit dir vor Augen stellt.
Dem Weib, du trotzger Herr von oben, sollst du dienen,
Um Gnade bettelnd aus der nächsten Huldin Mienen.
O welche Hoheit! Seufzer schmachten, Schluchzer plärren!
Und deine Wunden darf man durch die Mäuler zerren.
Such dann dein Selbstbewußtsein, ob im Spott dus findest:
Vielleicht, daß du den Ruhm an deine Possen bindest.
Dank hübsch, verneig dich: Schellen sind zum Frohsinn nütze.
Fahr wohl, o Sohn des Zeus, im Schmuck der Narrenmütze!«

Die Lippen nagend, sprach er düster: »Gut gehaßt!
Das war der rechte Fleck, den du getroffen hast.
Diesmal, ich sag es frei, denn Wahrheit nenn ich Sitte,
Bin ich besiegt. Ein Bettler steht vor dir: ich bitte.
Um Mitleid nicht, um Anstand. Weib, der Jägerstolz
Kennt ein Gesetz: dem Hochwild gilt kein bübischer Bolz.
Drum schinde nicht, bedien dich weidgerechter Waffen.
Im Namen Zeus', der mich zu großem Werk geschaffen,
Im Namen der Titanenfürsten, deren Gaben
Mit Willensmut und Tatkraft mich gezeichnet haben,
Ruft mein Gebet: Sei grausam, sei nicht adelsohne!
Vom Narrenherzen schone meine Würde, schone!
Enterbt, beraubt, verbannt: genügt dem Haß, mir scheint.
Demütigung ward nie von edlem Feind gemeint.
Laß deine Flüche, brauchst dus, doppelt mich erfahren:
Die Röte der Beschämung sollst du mir ersparen!«

Im Kreise schwang sich Hera: »Wohl mir, das behagt!
Die Stimme tränt, die Worte hat der Schmerz gesagt.
O Labsal! Süße Wonne, mehr als Honig gut:
Mitleid zu spüren, wies dem Feinde wehe tut!«
Sie riefs. Und jung genesen, seiner Qual gewiß,
Zog sie von dannen in erquickter Heiternis.

Doch Herakles hub an, den Blick zurückgewandt:
»Mein Vater Zeus, der du nach Erden mich gesandt!
Dein gnädiger Wille hieß, daß Werk und Lohn sich eine,
Daß mir für viele Müh ein wenig Sonne scheine.
Es ist dahin, vom Neid entwendet und gestohlen.
Nun liegt mir ob, im Undank mein Verdienst zu holen.
Wenn meine Werk und Taten minder mir gedeihen,
So wolle Nachsicht mir darum, mein Vater, leihen!«
Er sprachs. Und vor dem Odem, der den Spruch durchwehte,
Beugte der Scherge Haupt und Nacken zum Gebete.

Hinter dem Hohlweg ging die Reise allgemach
Talwärts, der Erde zu, auf sanft geneigtem Dach.
Doch wie sie schließlich kamen an die schroffe Wand,
Von wo der Weg hinabstürzt in das Erdenland
Und wo aus hundert Höhlen, tausend Felsenklausen
Die Wasserfälle des Olymp zur Tiefe brausen:
Horch, hinter ihren Schritten Adlerflügelsausen;
Und in der Ferne, sieh, auf luftiger Bergesspitze
Der große Zeus im Blendeglanz der Sonnenblitze.
Freiragend schaut er von dem waldumkränzten Throne,
Und Abschiedsgrüße winkt er freundlich seinem Sohne.

Jetzt aufrecht, hoch den Arm zum Gegengruß erhoben,
Schwang Herakles das stolze Wort ihm zu nach oben:
»Hie Wasserdonnertanz, umrauscht von Adlerflug!
Mut sei mein Wahlspruch bis zum letzten Atemzug!
Mein Herz heißt ›Dennoch‹. Herakles bedarf nicht Dank;
Auch mit verhärmten Wangen geht sichs ohne Wank.
Genug, daß über meinem Blick der Himmel steht;
Getrost, daß eines Gottes Odem mich umweht.
Und wenn im Spiegel Torheit mich und Schwächen grüßen,
Ich nehms in Kauf; was tuts? man wird es eben büßen.
Dummheit, ich reize dich! Bosheit, heran zum Streit!
Laß sehen, wer da bändigt, welchen Zeus geweiht!«

Er riefs, warf seinen Trotz voraus die Erdenstraße
Und folgte festen Trittes nach mit Ruh und Maße.

*1900–1905*

PETER WEISS

# Die Ästhetik des Widerstands

*Der Roman beginnt mit der Beschreibung des Frieses des Per-
gamonaltars. Der Erzähler und Heilmann und Coppi bringen
ihn in Beziehung zur Gegenwart.*

Rings um uns hoben sich die Leiber aus dem Stein, zusammen-
gedrängt zu Gruppen, ineinander verschlungen oder zu Frag-
menten zersprengt, mit einem Torso, einem aufgestützten
Arm, einer geborstnen Hüfte, einem verschorften Brocken
ihre Gestalt andeutend, immer in den Gebärden des Kampfs,
ausweichend, zurückschnellend, angreifend, sich deckend,
hochgestreckt oder gekrümmt, hier und da ausgelöscht, doch
noch mit einem freistehenden vorgestemmten Fuß, einem ge-
drehten Rücken, der Kontur einer Wade eingespannt in eine
einzige gemeinsame Bewegung. Ein riesiges Ringen, auftau-
chend aus der grauen Wand, sich erinnernd an seine Voll-
endung, zurücksinkend zur Formlosigkeit. [...]
    Herakles aber vermißten wir, den einzigen Sterblichen, der
sich der Sage nach mit den Göttern im Kampf gegen die
Giganten verbündet hatte, und wir suchten zwischen den ein-
gemauerten Körpern, den Resten der Glieder, nach dem Sohn
des Zeus und der Alkmene, dem irdischen Helfer, der durch
Tapferkeit und ausdauernde Arbeit die Zeit der Bedrohungen
beenden würde. Nur auf ein Namenszeichen von ihm stießen
wir, und auf die Tatze eines Löwenfells, das er als Umhang
getragen hatte, sonst zeugte nichts mehr von seinem Standort
zwischen dem vierpferdigen Gespann der Hera und dem ath-
letischen Leib des Zeus, und Coppi nannte es ein Omen, daß
grade er, der unsresgleichen war, fehlte, und daß wir uns nun
selbst ein Bild dieses Fürsprechers des Handelns zu machen
hatten. [...]
    Was aber wäre, schrieb Heilmann, wenn Herakles nicht
unverzagt, ständig die Befreiung der Unterdrückten vor Au-

gen, Ungetümen und Tyrannen seine Taten entgegengesetzt hätte, wenn wir sagen müßten, daß er von Furcht und Schrecken geplagt war und seine Handlungen nur dazu dienten, die eigne Schwäche und Vereinsamung zu überwinden. Es hatte zwei Monate gedauert, bis Heilmanns Brief, nach Warnsdorf und weiter nach Prag, dann nach Paris und Albacete geschickt, mich in Denia erreichte. Vielleicht aber, schrieb er, kommt es auf das gleiche heraus, ob der Weg, den Herakles zurücklegte, voll Lust und Übermut oder mühsam und entsagungsvoll war, da doch nur das Erreichte gerechnet und die Frage gestellt wird, wem dies zugute kam. Wir hatten in ihm den Menschen gesehn, der das Hierarchische und Irrationale hinter sich ließ, der, seiner begünstigten Stellung entledigt, zuerst selbstsüchtig die alten Gesetze zerschlug, dann aber zum Wohl andrer einzugreifen lernte. Er war für uns der Irdische, dem es darum ging, die Natur zu beherrschen, der zum ersten Mal klarmachte, daß hier, im Diesseitigen, die Verändrungen, die Verbeßrungen stattfinden mußten, daß nichts andres uns nützt als das, was unmittelbar spürbar ist, was, bei handfestem Zupacken, die Lage erleichtert. Selbst wenn er uns prahlerisch erschien, aufschneiderisch in seiner nur vom Löwenfell umhüllten Nacktheit, auf jede kriegsmäßige Bewaffnung verzichtend, nur mit einer Keule ausgerüstet, so hatte er doch unsre Bewundrung geweckt, denn seine Tollkühnheit, sein höhnisches Wüten war immer nur darauf gerichtet, den Sterblichen beizustehn gegen das Monströse und Destruktive. Von Geburt an war er, der Sohn des Zeus, der Bosheit und Hinterhältigkeit, den Betrügereien und Übergriffen andrer ausgesetzt, und mit seinen Reaktionen hatte er uns gezeigt, daß die Gewalt notwendig war, um das feindliche Getümmel zu besiegen. Nun habe ich, schrieb Heilmann, nicht nur den Dodekathlos noch einmal, sondern andres noch, was von den Spuren des Herakles berichtet, studiert, und dabei ist seine Gestalt vielfältiger, auch fragwürdiger geworden. Was waren die Ungeheuer denn, gegen die er kämpfte, andres als Träume, denen er sich immer wieder stellen mußte. Solche Gebilde, wie sie ihm begegneten und von ihm erschlagen wurden, suchen uns doch nur heim im Schlaf. Ich kenne diese löwenartigen, vogelartigen, schlangenartigen Tiere, ich verstecke mich vor ihnen, doch sie wittern mich, sie spüren mich auf, wenn ich im Gestrüpp der Nacht liege, sie beißen mich in die Hüfte, ich ringe mit ihnen, das ist ein furchtbarer Zwang, und ich erwache erst, wenn ich schon zerrissen sein müßte, aber keine Wunde, kein Schmerz ist vorhanden. Solche Bestien setzen uns zu, wenn wir etwas Übermächtiges tief in uns vernommen haben, wenn wir zittern beim Gedanken an unsre Unterlegenheit. Daß es immer diese riesigen, feuerschnaubenden, vielleibigen, vielköpfigen Wesen sind, die auf ihn zukommen oder die er aufstöbert in ihren abseitigen Gefilden, spricht davon, daß er mehr in seinen Träumen als im Alltäglichen verhaftet war. Zwar ist die Bedrohung etwas Gewöhnliches, allen Bekanntes, doch wenn wir sie vergleichen mit ihren Auswirkungen, die Herakles zu durchstehn hat, so nimmt sie was Absonderliches an, mit dem nicht jeder vertraut ist. Wir könnten sagen, daß in diesen plötzlich aufflammenden Halluzinationen alles, was sich sonst im Kleinen ereignet, zu unheimlicher Größe wird, zu etwas Beispielhaftem, angesichts dessen die andern sich trösten können mit den Worten, seht, wenn Herakles derartiges bewältigt, müßten wir doch zurechtkommen mit unserm eignen Kram. Aber so ist es nicht. Für die Hungernden, für die Bewohner der Elendsviertel, wenn sie es überhaupt vermögen, sich etwas unter den in der Fremde vollzognen Leistungen des Herakles vorzustellen, müssen dessen Zusammenstöße ganz im Gedanklichen bleiben, und im Gedanklichen, meine ich, bleiben sie auch für ihn, sie bemächtigen sich seiner, indem er in sich hineinstarrt. Die uns überlieferte Vielzahl seiner Taten, die ihn so berühmt machte, ist einem Stundenbuch gleich, einer Serie von Votivbildern, auf denen die einzelnen Stationen vermerkt sind, wir, wie auch die Historienerzähler vor uns, haben darin die Gestalt eines Helfers in der Not, eines Retters erkannt, der für seine Tapferkeit mit höchstem Glück belohnt wurde. Was aber, fragte ich mich, war das für ein Glück. War es das Glück darüber, daß nun beßre Zeiten gekommen und die meisten Greuel und Verheerungen abgewendet worden waren. Keinesfalls. Nun begann es erst recht mit den Kriegen, und das Darben wuchs an in den Städten. Daß er, nachdem er sich auch mit einem gewöhnlichen Tod nicht begnügen konnte, sondern unter unfaßbaren Qualen zugrunde ging, von den Göttern wieder aufgenommen wurde und fortan entrückt dem Olymp angehörte, machte ihn mir verdächtig. Warum sahn die Höchsten ihn am Ende als ihresgleichen an, wenn nicht deshalb, weil er nichts getan hatte, um ihre Stellung zu erschüttern, ja, weil es ihm eigentlich nur gelungen war, den Glauben an übermenschliche, das heißt göttliche Fähigkeiten zu verbreiten. Bedenklich waren mir zuvor schon seine Anfälle von Wahn und Raserei gewesen, seine Weinkrämpfe, wenn es nicht gleich so ging, wie ers wollte, sein blindes Umsichhaun. Aber ich hatte versucht, darin doch Zeichen vom Leben eines Erdbewohners zu sehn, er rückte mir nah in seiner Verwirrung, seiner Eifersucht, seinem Ehrgeiz, seiner Selbstüberschätzung und Verzweiflung, aber dann überwog doch der Eindruck, daß wir es zu tun hatten mit einem Verlornen, einem Unheilbaren, der sich wohl mit allen ihm verfügbaren Kräften gegen das Böse wehrte und es doch nie zu beseitigen verstand. Die Unklarheit, die er hinterließ, führte wohl auch dazu, daß grade jene, die wir für seine Widersacher hielten, ihn für sich in Anspruch nahmen. Den Handelsherrn, den Bankleuten, allen, die nach Gewinn, nach Erfolg trachteten, wurde er zum Schutzheiligen, der Schlemmerei, der Libertinage wurde er zum Vorbild, die Notleidenden wußten nur noch wenig mit ihm anzufangen. Hinzu kam, daß er zum Inspirator des Kolonialismus wurde, mit ihm begann das Zeitalter der griechischen und ionischen Ausfahrten übers Meer bis zum Ende der Welt, seine Schilderungen des Reichtums fremder Länder hatten die Begüterten, die Unternehmer dazu verlockt, ihr Geld im Schiffsbau zu investieren und sich die fernen Bodenschätze zu erschließen. Ich sah ein, schrieb Heilmann, daß die schweren Aufgaben, von denen es hieß, Hera habe sie ihm gestellt, durch seine eigne unsägliche Unruhe hervorgerufen worden waren, und stimmt das meiste auch, was uns davon bekannt wurde, mit seinen Hirngespinsten überein, so läßt sich einiges doch für uns verwerten, denn es gibt Kunde von einem Lebensgrund, auf dem du zur Zeit buchstäblich stehst. Anfangs hatte ich mich beim Lesen des Briefs zurückversetzt in die Tage vor meiner Abreise aus Berlin, dann war es vielmehr so, als hätte Heilmann sich hierher, in meine Gegenwart begeben. Was ich jetzt über Herakles lese, sagte er, kommt nicht mehr aus einem Mythos, hat zwar noch epische Züge, ist aber geprägt von der Unvollkommenheit, dem Irren und Suchen, den Fehlschlägen und fortwährenden Neuanfängen, die sowohl zum Wesen der Poesie, der Traumdeutung gehören, als auch zum Drang, sich selbst in der Welt zu bestätigen. Ich kann ihn nicht mehr sehn, so wie ich ihn vor einem Jahr sah, das hatte mich zunächst enttäuscht, unser Hauptargument war doch gewesen, daß er die Bindung an die Götter gekündigt hatte, ich bin dann noch oftmals zu userm Fries zurückgekehrt und habe die Tatze seines Löwenfells schwingen gesehn zwischen Zeus und dem vorwärtsjagenden Gespann der Hera, die ihm nach seinem Dasein im Jammertal ihre Gnade geschenkt hatte, und direkt unterhalb des Herakles oder vielmehr unterhalb der Leere, in die wir ihn uns hineindachten, sitzt einer unsrer Brüder, durchbohrt von den Blitzen des Göttervaters, die dieser gegen jeden schleudert, der es wagt, sich wider ihn zu erheben, und vielleicht holt der, von dem wir so viel erwarteten, grade mit der Keule aus, um dem Erdensohn das Haupt zu zertrümmern. Trotzdem, sagte Heilmann, gebe ich Herakles noch nicht auf. Ich will ihn nicht hinnehmen, wie die Herrschenden ihn abgebildet haben, demagogisch seine Einordnung fordernd in ihre Klasse und Kunst, kann aber auch den siegreichen Helfer der Versklavten in ihm nicht mehr erkennen, sondern nur einen, der sich manchmal weit über sich selbst erhob, dann wieder rettungslos verfangen war in seinen Phantasien. Ausgehend von seinem Ende, das immerhin Dichtung und Drama zu zahllosen Deutungen anregte, näherte ich mich ihm aufs neue. Wie war das mit der Deianeira, fragte ich mich. Jedenfalls konnte bei der Ausdeutung des Zweikampfs, in dem Herakles dem Acheloos die Geliebte abgewann, keine Rede davon sein, daß er sich je an einem Scheideweg befunden hatte, der ihn Entsagung und Tugend wählen ließ. Seine Begierde nahm mich wieder für ihn ein, Keuschheit hatten wir ja nie von ihm verlangt, grade das Triebhafte in ihm war es gewesen, das uns von seiner Handlungskraft überzeugte, das ihn herausriß aus seinen Grübeleien. Gut, wir hatten diese Seite überschätzt, hatten ihn sogar für einen Antiintellektualisten gehalten, der jede Argumentation mit rohen Hieben abschloß. Und hier komme ich wieder auf sein Trauma zurück, in dem er sich heranbegibt an die Gewalten, um sie durch List zu übertrumpfen. Acheloos, Flußgott genannt, war ein Züchter von Wasserbüffeln, selbst ein Bulle, es kann angenommen werden, daß Deianeira das Leben mit ihm einem Dasein mit dem flatterhaften, umherstreunenden Herakles vorzog. Daß er sie entführte, verzieh sie ihm nie, eine unglücksträchtige Ehe war dies von Anfang an. Er ließ die Frau allein und begab sich gleich wieder auf Wanderungen, die ihn indessen in seine letzten und schrecklichsten Umnachtungen führten. Er, der immer seine Männlichkeit unter Beweis stellen wollte, wurde, in die Hände der Omphale geraten, nicht nur herabgewürdigt zum Sklaven, sondern mußte, als Magd, in Frauenkleidern, den Pantoffelhelden abgeben, verhunzt und getreten von seiner Gebieterin im ledernen Mannsgewand, verspottet, wenn er nicht fähig war, ihren Gelüsten nachzukommen. Als er schließlich hinausgelangte aus diesem Traum, krank, deprimiert, doch noch nicht so geschwächt, daß er auf der Reise nicht gleich wieder auf Frauenraub ging, begab er sich in die Einöde, zu seiner Gemahlin Deianeira, fand dort aber nicht freundliche Aufnahme und Verzeihn, sondern Abneigung, ja Widerwillen,

Haß. Natürlich hatte die von ihm Verlaßne die Zeit nicht untätig verbracht, sie, die den Stier im Mann geliebt hatte, war inzwischen Nessos verfallen, der unter Pferden lebte, ein Kentaur, dem Herakles nicht gewachsen war, und als Deianeira sich jenem wieder einmal hingab, am Flußufer, singend, um vorzutäuschen, sie sei bei der Wäsche, erschoß der Zurückgekehrte den Rivalen, an den er sich mit bloßen Händen nicht heranwagte, mit vergifteten Pfeilen. Doch kann es kaum dieses mit Blut vermengte Gift gewesen sein, das, im durchtränkten Tuch, den Tod des Herakles herbeiführte. Zum ersten war der Frau, die er unterm Leib des Kentauren hervorzog, um sie noch einmal zu gebrauchen, nicht dran gelegen, die Liebe des Herakles, der mit einer aufgegriffnen Kebse angekommen war, mit einem Zaubergebräu zurückzugewinnen, zum zweiten gab sie ihm überhaupt kein Hemd, sondern übertrug ihm, voll Sperma, auf einfachere Art die Seuche, an der er krepieren sollte. Das Nessoshemd, das so mit seiner Haut verwuchs, daß sich, wenn er ein Stück davon abriß, das Fleisch bis auf die Knochen löste, war seine letzte Lüge, denn Deianeira hatte alle vorderasiatischen Geschlechtskrankheiten weitergegeben, die der brünstige Pferdemann, nach jahrelangen Umtrieben mit Herden von Getier, in sie hineingestoßen hatte. Ein solches Eingeständnis aber war für Herakles, der auf seinen Nachruhm bedacht war, unmöglich. Deshalb die hinausgebrüllte Sage vom vergifteten Gewand. Vor seinem Ende, sagte Heilmann, verfiel Herakles noch einmal der größten panischen Angst, die er bereits in der Wiege erfahren und für die er sich zeitlebens zu rächen versucht hatte, dem Schrecken, dem Abscheu vor der Frau. Die Sinnlichkeit, die ihm angedichtet wurde, kann nur den Vorstellungen derer entsprechen, die Liebeskraft mit Besitzergreifung verwechseln, nicht ein einziges Mal läßt sich den zahlreich eingegangnen Verbindungen entnehmen, daß er seiner Partnerin zugetan gewesen war, immer nur hatte er entrissen, gezüchtigt, gemordet oder wurde gepeinigt. Sein Umherhetzen begann mit der Verfluchung zur Minderwertigkeit, Zweitrangigkeit durch Hera, Befriedigung mag er nur erfahren haben in ein paar homoerotischen Beziehungen, mit Iolaos vielleicht, mit Philoktet, seinen Gefährten, unter all seinen Bravaden verbarg sich nur eine tiefgehende psychische Entstellung. Noch als er sich wälzte im Brennen des trachinischen Trippers, des trojanischen Schankers und der sogenannten phrygischen Vierten war ihm nur dran gelegen gewesen, das zu vertuschen, was ihn zerbrochen hatte, und sie alle, Hesiod, Sophokles, Ovid, Seneca standen ihm bei, sein Geheimnis zu wahren, sie alle nannten Deianeira bei ihrem Namen, der Töterin des Manns bedeutet, zogen aber keine Schlüsse draus, taten sogar das ihre, um sie in Unschuld darzustellen, als treue Gattin, nur um die Ehre des Herakles, die Ehre der falschen Familie zu retten. Und doch, sagte Heilmann, nimmt Herakles in diesem Augenblick, als der Ring seines Lebens sich schließt, wieder Größe an, fast Erhabenheit. Nicht etwa ins Wasser wirft er sich, um dort seinen Wundbrand zu löschen und sang und klanglos zu verschwinden, sondern er ruft alles Volk herbei, daß es zuschaue, wie kein Gegner ihm stark genug ist, wie sich auch höchstes Leiden noch steigern läßt, und er kriecht, schreiend vor Schmerzen, bergauf zum Scheiterhaufen und legt sich in die Flammen. Jetzt, da die Pein ins Unermeßliche steigt, nimmt sein Gesicht das verzückte Lächeln an, mit dem er, zerfallend, in die Unsterblichkeit eingeht. So wende ich mich also, schrieb Heilmann in seinem Brief, den Reisen zu, die Herakles, nach der Teilnahme an der Fahrt der Argonauten zum Osten, westwärts führten und in denen alles zusammenströmt, was nach Erweiterung und Entdeckung verlangt. Nicht nur er war unterwegs, viele andre waren es, die sich aufgrund der Landnot, der Übervölkerung in den Städten, der wachsenden Handelskonkurrenz, dem steigenden Bedarf an Rohstoffen in die Adrias begaben, um sich, von den Küstenstreifen her, neue Märkte zu erobern. Er aber, von alters her als derjenige bekannt, der, aus welchen Gründen auch immer, Furcht und Enge überwand und das Unbekannte suchte, zeichnete mit seinem Namen für die Vorstöße der Hellenen nach Sizilien und dem südlichen Italien, nach Kyrenaika, Korsika und ans gallische Ufer, wo Massalia, das heutige Marseille, bald zur bedeutenden Geschäftsstation wurde. Die Saga vom Herakles hat sich in Wellenkreisen ausgebreitet, erst war sie zu Hause im Peloponnes, dann umfaßte sie Thrakien, Kreta und das Schwarze Meer und erreichte dann die Balearen und Spania, vom Gebirge Pyrena bis hinab nach Gadir. Die Ausfahrt zum weltumschließenden Okeanos bot einen geeigneten Platz zum Aufstellen der Säulen, hier erhoben sich als natürliche Festen die steilen Felsen am Südzipfel Iberiens und an der nördlichen Spitze des heißen Kontinents. Atlas vermochte, mit einem Schritt hinüberzusteigen. Während es manchen, der Herakles übertreffen wollte und nach den Inseln der Seligen suchte, hinaus ins Weltmeer verschlug, hielt dieser sich an die Hesperiden, in deren Gärten die Citrusfrüchte gleich Goldäpfeln an den Bäumen hingen. Und ringelten sich hier auch gefährliche Schlangen um die Stämme, so wurde diese Gefahr doch aufgewogen durch all die Metalle, die sich aus bereitstehenden Gruben fördern ließen und von unschätzbarem Wert waren für die nach mehr Waffen verlangenden Kriege. Er blieb lange in Avien, dem Schlangenland. Auf das ehrenhafte Angebot des Atlas, für ihn den Himmel zu halten, ging er nicht ein, der mochte da stehn bleiben, mit der Last auf den gebeugten Schultern, Herakles hatte andres zu tun, sah seine Aufgabe darin, für die Anlage von Faktoreien, Siedlungen, Städten zu sorgen. So soll er Zakynthos gegründet haben, Sagunto, das gegenwärtig, zum Schutz Valencias, gehalten wird, und zu den großen Umschlaghäfen der Phöniker, südlich der Mündung des Guadalquivir, kam er, ehe die Seefahrer aus Phokaia, lange vor Pergamons Aufstieg, an der Stelle gelandet waren, die sie dann Hemeroskopeion nannten, und dort, auf der Berghöhe, der Artemis einen Tempel erbauten.

*1975–1981*

100

»Er hat nur eine raue Schale,
aber sein Herz ist gut«

ARISTOPHANES

# Die Vögel

*1565–1705*

(Poseidon, Herakles und der Barbarengott Triballos treten auf.)
POSEIDON *(zu Herakles).*

Da kann man ja die Feste Wolkenkuckucksheim,
Zu der wir als Gesandte ziehn, schon liegen sehn.
*(Zu Triballos.)*
He du, was machst du? Trägst den Mantel ja nach links.
Willst du ihn wohl nach rechts hin überschlagen? – so!
Verdeckst wohl wie Laispodias ein Hinkebein?
O Demokratie, wo kommen wir mit dir noch hin,
Wenn solchen Kerl die Götter zum Gesandten wählen!
Halt still, zum Henker! So was Barbarisches von Gott
Ist mir mein Lebtag noch nicht vorgekommen. Sag,
Was tun wir denn nun, Herakles?

HERAKLES.                                    Wie ich gesagt,
Den Hals umdrehen werde ich der Kreatur,
Die uns, die Götter, zu vermauern hat gewagt.

POSEIDON.

Wir sind doch aber, Freund, um zu verhandeln, hier.

HERAKLES.

Dann werd ich sogar doppelt umdrehn ihm den Hals!

RATEFREUND *(hervortretend, mit Küchengeräten hantierend).*

Bring einer mir die Käsereibe! Bring Gewürz!
Bring auch den Käse! Schür das Kohlenfeuer an!

POSEIDON.

Den Herrn da grüßen wir, wir sind der Götter drei.

RATEFREUND.

Jetzt muß ich noch geschwind das Würzkraut drüber streun.

HERAKLES. Was hast du denn für Fleisch da?

RATEFREUND.                                    Einige Vögel sind's,
Die wegen Aufruhrs gegen die Vogeldemokratie
Zum Tode verurteilt wurden.

HERAKLES.                      Und vorher streust du da
Noch Würzkraut drauf?

RATEFREUND.             Willkommen, Herakles, was gibt's?

POSEIDON.

Wir kommen als Gesandte von den Göttern her,
Um diesen Krieg durch Friedensschluß zu endigen –

RATEFREUND *(Poseidon unterbrechend)*.

Es ist auch nicht ein einziger Tropfen Öl im Krug.

HERAKLES.

Und solch Geflügel muß recht fett gebraten sein.

POSEIDON.

Denn wir gewinnen nichts durch Fortsetzung des Kriegs.
Ihr aber, wenn ihr mit den Göttern Freundschaft schließt,
Ihr könntet Regenwasser haben in den Pfützen
Und halkyonische Tage leben allezeit.
Mit Vollmacht über all dies sind wir hergesandt.

RATEFREUND.

Wir haben nicht zuerst mit euch den Krieg begonnen,
Jedoch wir wollen gern auf die Bedingung hin,
Daß ihr gerecht und billig handeln wollt, mit euch
Nunmehr den Frieden schließen. ›Gerecht‹ heißt aber dies:
Den Herrscherstab gibt Zeus dem Vogelvolk zurück.
Sobald wir über diesen Punkt uns einigen,
So lad ich die Gesandten hier zum Frühstück ein.

HERAKLES.

Ganz einverstanden bin ich, und ich stimme zu.

POSEIDON.

Was fällt dir ein? Ein Dummkopf bist du und ein Freßsack!
Du willst den Vater bringen um sein Königtum?

RATEFREUND.

So? Meinst du? Wird nicht größer sein der Götter Macht,
Wenn wir, die Vögel, unten hier die Herren sind?
Jetzt ducken sich die Menschen, von Wolken ganz verdeckt,
Und können Meineide schwören, ohne daß ihr's merkt.
Jedoch wenn ihr im Bunde mit den Vögeln seid,
So kommt, schwört einer falsch beim Raben oder Zeus,

Der Rabe unvermerkt herbei und hackt im Flug
Ihm mit 'nem Schnabelhieb das eine Auge aus.

POSEIDON.
Wahrhaftig, beim Poseidon, das ist schön gesagt!

HERAKLES. Das mein ich auch.

RATEFREUND *(zu Triballos).*
        Und was sagst du?

TRIBALLOS.       Heim gan wir drei!

HERAKLES. Du siehst, er stimmt auch zu.

RATEFREUND.      Nun höre weiter noch,
Wie großen Nutzen ihr von uns erwarten könnt.
Gesetzt, ein Mensch gelobt den Göttern Opferfleisch
Und sucht dann Ausflüchte hinterher, indem er sagt:
›Die Götter können warten‹, und gibt aus Geiz dann nichts,
Wir treiben es euch ein!

POSEIDON.    Doch sag, auf welche Weise?

RATEFREUND.
Wenn so ein Mensch die blanken Taler grade zählt
Oder er sitzt im Bad, dann schießt sogleich ein Weih
Herab und grapst, bevor er's hat gemerkt, den Preis
Ihm für zwei Schafe weg und trägt ihn flugs zum Gott.

HERAKLES. Ich stimme, wie gesagt, dafür: das Zepter soll
Man ihnen wiedergeben.

POSEIDON.    Frag den Triballos jetzt!

HERAKLES. Triballos, willst du Prügel haben?

TRIBALLOS.       Dir Buckel slag
Mit Bakel ganz kaputt.

HERAKLES.    Er denkt ganz so wie ich.

POSEIDON.
Wenn es euch beiden recht scheint, stimm ich gleichfalls zu.

HERAKLES *(zu Ratefreund).*
He du, des Zepters wegen sind wir einverstanden.

RATEFREUND.
Da fällt, beim Zeus, mir noch 'ne andre Sache ein:
Die Hera – die will ich dem Zeus gern überlassen,
Die Jungfrau Basileia aber muß er mir

Abtreten als Gemahlin.

POSEIDON. So liegt dir nichts am Frieden.
Kommt, gehen wir nach Haus!

RATEFREUND. Mir macht's nur wenig aus.
He, Koch, mach mir die Bratensauce nur schön süß!

HERAKLES.
Poseidon, wunderlicher Mensch, wo willst du hin?
Wolln wir denn Krieg nun führen um ein einz'ges Weib?

POSEIDON. Was bleibt denn andres übrig?

HERAKLES. Nun, der Friedensschluß.

POSEIDON.
Du Tor, merkst du denn nicht, daß man dich lange schon
Betrügt? Du schadest dir ja selber, denn wenn Zeus
Die Herrschaft ihnen abtritt und dann die Augen schließt,
Bist du doch bettelarm. Denn als sein Sohn erbst du
Doch Zeus' Vermögen, das im Tod er hinterläßt.

RATEFREUND (zu Herakles).
O weh, so läßt du dich beschwatzen, armer Kerl!
Komm einmal her zu mir, damit ich dir's erklär.
Dein Oheim, armer Schelm, der führt dich hinters Licht.
Denn von dem Vatersgut steht nicht einmal ein Deut
Nach dem Gesetz dir zu: Ein Bastard bist du ja,
Nicht ehelich geboren.

HERAKLES. Nicht ehelich, wieso?

RATEFREUND.
Gewiß, du bist ja eines fremden Weibes Sohn.
Wie könnte sonst Athene erbberechtigt sein,
Die Tochter, wären legitime Brüder da?

HERAKLES.
Doch wie, wenn Zeus bei seinem Tod als Bastard mir
Sein Gut vermachen würde?

RATEFREUND. Das Gesetz verbietet's ihm.
Hier der Poseidon, der jetzt dich aufzureizen sucht,
Er hätte als erster Anspruch auf dein Vatergut,
Hinweisend drauf, daß er der echte Bruder sei.
Ich will dir das Solonische Gesetz vorlesen:

›Der Bastard hat keinen Erbanspruch, wenn eheliche
Kinder vorhanden sind. Sind aber keine ehelichen Kinder
vorhanden, so fällt die Hinterlassenschaft den nächsten
Verwandten zu.‹

HERAKLES. So fiele mir von meines Vaters Gut demnach
Rein gar nichts zu?

RATEFREUND.          Beim Zeus, gewiß nicht. Sag mir doch,
Schrieb dich dein Vater denn schon ein beim Standesamt?

HERAKLES.
Nein, wirklich nicht! Das hat mich immer schon verblüfft.

RATEFREUND.
Was stierst du denn mit wildem Blick so in die Höh'?
Wenn du auf unsre Seite trittst, so mach ich dich
Zum Herrscherkönig, setze Vogelmilch dir vor.

HERAKLES. Mir ist von Anfang an gerecht erschienen, was
Du vorschlugst wegen des Mädchens, und ich geb es dir.

RATEFREUND *(zu Poseidon)*.
Und was sagst du?

POSEIDON.          Ich stimme für das Gegenteil.

RATEFREUND.
So kommt die Sache an Triballos. Was sagst du?

TRIBALLOS.
Nix scheune Junkfrau und die grosse Keunigin
Den Veugeln übergeben!

HERAKLES.          Übergeben, sagt er.

POSEIDON.
Wahrlich, beim Zeus, von Nichtübergeben spricht er doch,
Wenn sein Geplapper nicht wie Schwalbenzwitschern ist.

RATEFREUND.
So meint er denn, den Schwalben übergibt man sie.

POSEIDON. Macht ihr das miteinander aus und einigt euch!
Ich werde schweigen, da ihr beide seid dafür.

HERAKLES *(zu Ratefreund)*.
Wir stimmen also allem zu, was du verlangst.
Doch eile du mit uns hinauf jetzt zum Olymp,
Dort Basileia und alles andre abzuholen.

RATEFREUND.

Da haben die ja grad zur rechten Zeit geschlachtet
Zur Hochzeitsfeier.

HERAKLES.　　　　　Wollt ihr, daß ich unterdes
Hierbleibe und das Fleisch da brate? Ihr aber, geht!

POSEIDON.

Du brätst das Fleisch? Die reine Freßsucht spricht aus dir!
So gehst du also nicht mit?

HERAKLES.　　　　　Da wäre ich schön dumm!

RATEFREUND.

Los also! Hol mir einer schnell ein Hochzeitskleid!
*(Alle ab.)*


CHOR. Bei der Wasseruhr in Schelmstädt
Sitzt das vielgewandte Volk der
Wortklauber und Zungendrescher.
Mit der Zunge sät es, drischt es,
Mit der Zunge mäht es, fischt es,
Gibt gern an und denunziert,
Wahrlich ein Barbarenvolk:
Gorgiasse, Philippsippschaft.
Wegen dieser Zungendrescher,
Dieser eklen Gorgiassippschaft,
Schneidet man den Opfertieren
In Attika die Zunge aus.


*414 v. Chr.*

EURIPIDES

# Herakles

*348–441*

CHOR.
Wehruf läßt Phoibos erschallen
auch zu dem Sange des Glücks,
wenn er die lieblich klingende Laute
rührt mit dem goldenen Griffel.
Ich aber will den Helden,
der in die Nacht des Hades gezogen
– mag ich ihn Sohn des Zeus,
mag ich ihn Sohn des Amphitryon nennen –
mit einem Liede preisen,
mit einem Kranz seiner mühvollen Taten.
Bleibt das Verdienst wackrer Leistung
doch für die Toten ein Schmuck.

Zuerst hat er den Hain
des Zeus befreit vom Löwen,
hat mit des Untiers grausem,
wie Feuer rotem Rachen
sein blondes Haupt bedeckt
bis auf den Rücken nieder.

Und das Bergvolk der wilden Kentauren
streckte er einstmals dahin
mit dem mörderischen Bogen,
tötend durch die gefiederten Pfeile.
Zeugen sind der herrlich strudelnde
Peneios und die weiten Fluren
mit der vernichteten Saat
und des Pelion Schluchten und,
dicht dabei, der Omole Höhlen.
Von hier aus mit Fichten sich wappnend,

hatten die Wilden thessalisches Land
mit ihren Hufen zerstampft.

Das goldgehörnte Reh
mit buntgeflecktem Rücken,
der Bauern Plage, hat
erlegt er und der Göttin
der Jagd zum Schmuck gewidmet,
der Herrin von Oinoë.

Und er bestieg das Viergespann,
bändigte mit dem Zaum die Rosse
des Diomedes, die, ledig der Zügel,
an ihren Mordkrippen blutiges Futter
schlangen, gierig nach Menschenfraß,
grausige Nahrung genießend.
Über die silberströmenden Ufer
des Hebros zog er, im Dienste des Herrn
von Mykenai, der ihm die Arbeit befohlen.

Am pelischen Gestade,
wo der Anauros fließt,
schoß nieder er den Mörder
der Wanderer, den Kyknos,
der als ein rauher Wirt
in Amphanaia hauste.

Und zu den singenden Jungfrauen kam er
in den Garten des Westens. Er wollte
pflücken von äpfeltragendem Baume
goldene Frucht, zuvor den roten
Drachen erschlagen, der, furchtbar geringelt,
Wache hielt. Auf dem Wege
stieg er hinab in des Meeres Tiefen,
und für die Schiffe der Menschen
glättete er von Stürmen die See.

Und wider das Gewölbe
des Himmels stemmte er
die Arme, trug, zum Haus
gelangt des Atlas,
das gestirnte Götterschloß
mit seiner Heldenkraft.

Gegen die Reiterscharen
der Amazonen in der
flüssereichen Maiotis zog er
über die Wogen des Schwarzen Meeres.
All seine Freunde aus Hellas
hatte er aufgeboten,
um des goldgeschmückten Gewebes
willen der Arestochter,
zur verderblichen Jagd nach dem Gürtel.
Hellas erraffte die herrliche Beute
von der barbarischen Jungfrau;
in Mykenai wird sie bewahrt.

Den mörderischen Hund der Lerna,
die Schlange mit den tausend Köpfen,
hat er verbrannt und mit
dem Gift benetzt die Pfeile,
mit denen er den Hirten
von Erytheia, den
dreileibigen, erlegte.

Weitere ruhmvolle Fahrten
legte er siegreich zurück,
kehrte sogar in den tränenreichen
Hades ein, das Ende der Mühen,
wo er, der Dulder, sein Leben
beschließt: Er kehrte nicht wieder.
Leer steht von Freunden sein Haus,
und Charons Nachen harret der Kinder

zur Fahrt ohne Rückkehr, zur Fahrt aus dem Leben,
die ein Frevel an Göttern und Rechtsbruch verschuldet.
Auf deine Hände hoffen
deine Lieben. Doch du weilst fern.

Besäß ich Jugendkraft und könnte
den Speer im Kampf noch schwingen
mit den kadmeischen Genossen,
so stellte ich zum Schutz
mich vor die Kinder. Jetzt
jedoch entbehre ich
das hohe Glück der Jugend.

*Entstanden etwa zwischen 421 und 415 v. Chr.*


LUCIUS ANNAEUS SENECA

## Hercules furens
*955–1201*

HERKULES: Bezwungen ist die Erde, die Meeresbrandung hat
sich gelegt, das unterirdische Reich unsern Ansturm zu
spüren bekommen, nur der Himmel hat den Tribut nicht
entrichtet, ein des Alkiden würdiges Unterfangen. Ich
werde mich in die hohen Räume des erhabenen Alls stür-
zen, mein Ziel sei der Äther: die Gestirne verheißt mir der
Vater. Wie? Wenn er sie versagte? Nicht faßt die Erde einen
Herkules, und endlich gibt sie ihn den Himmlischen zurück. Siehe, ohne sein Zutun ruft ihn der Götter ganzer Ver-
ein und öffnet die Tore, wenn auch die Eine sich widersetzt.
Nimmst du mich an und schließest den Himmel auf? Oder
reiße ich die Pforte einer mir widerstrebenden Welt ein?
Man zögert? So werde ich Saturn von den Fesseln befreien
und wider die vermessene Herrschaft meines unväterlichen

Vaters den Ahn erlösen; die Titanen sollen zum Kriege rüsten, rasend unter meiner Führung; Felsen werde ich samt den Wäldern forttragen und mit der Rechten Bergjoche voller Kentauren entwurzeln. Nun will ich auf doppeltgetürmtem Gebirge einen Pfad zu den Göttern bahnen: sehen soll Chiron unterm Ossa seinen Pelion, den Himmel wird der Olymp, in dritter Stufe gesetzt, erreichen oder dahin geschleudert werden.

AMPHITRYON: Gottlose Gedanken halte fern von dir; bezwinge deines heillosen, wenn auch hohen Sinnes wahnwitziges Ungestüm.

HERKULES: Was bedeutet dies? Die Giganten schwingen verderbenbringend ihre Waffen. Enflohen ist den Schatten Tityos, wie nah dem Himmel steht er mit seiner zerfleischten, ausgehöhlten Brust! Der Kithäron wankt; die hohe Pallene und der Makedonier Tempetal erzittert. Einer hat des Pindus Joche, einer den Öta eingerissen, schrecklich rast Mimas. Die flammentragende Erinye läßt die geschwungene Peitsche sausen und streckt die an Scheiterhaufen entzündeten Pfähle näher und näher gegen mein Gesicht; die wütende Tisiphone, das Haupt von Schlangen umwallt, hat seit dem Raub des Höllenhundes die unbewachte Pforte mit sperrender Fackel geschlossen. Doch sieh, des feindlichen Königs Brut hält sich verborgen, des Lycus frevelhaftes Gezücht: eurem verhaßten Vater wird diese Rechte euch bald übergeben. Die Sehne schleudere leichte Pfeile. So ziemt es sich, des Herkules Geschosse zu senden.

AMPHITRYON: Worauf hat sich sein blinder Wahnsinn gerichtet? Den gewaltigen Bogen hat er mit gekrümmten Enden gespannt und den Köcher geöffnet, abgeschossen schwirrt ungestüm der Pfeil – seine Spitze flieht mitten aus dem Hals, eine Wunde zurücklassend.

HERKULES: Den Rest der Brut werde ich aufspüren und all ihre Verstecke. Was säume ich? Ein größerer Kampf erwartet mich in Mykene, daß, von meinen Händen geschleift, die Kyklopen-Mauern zusammenstürzen. Hierhin und dorthin hole

112

meine Keule aus, nachdem sie den Riegel zerbrochen, und sprenge die Pfosten auf; der Türsturz wanke unter ihrem Schlag. Die ganze Burg öffnet sich dem Blick: dort sehe ich verborgen einen Sohn des schurkischen Vaters.

AMPHITRYON: Siehe, die Hände schmeichelnd zu deinen Knien erhebend, bittet er dich mit mitleidheischender Stimme. O sündiger Frevel, traurig und entsetzlich anzuschauen: mit der Rechten hat er den Flehenden ergriffen, und ihn, der Rasende, zweimal, dreimal rings im Kreise herumgeschleudert; doch jenem dröhnte das Haupt vom zerspritzten Gehirn triefen die Gemächer. Doch die unselige Megara, den kleinen Sohn mit ihrem Gewande schützend, flieht einer Rasenden gleich aus ihrem Versteck.

HERKULES: Magst du auch in des Donnerers Schoß flüchtig dich bergen, wird dich, wo immer es sei, diese Rechte ergreifen und fortschleppen.

AMPHITRYON: Wohin, Unselige, eilst du? Welche Flucht, welches Versteck suchst du? Kein Ort der Rettung bleibt, ist Herkules dir feind. Eher umfange und suche mit schmeichelnder Bitte ihn zu erweichen.

MEGARA: Gnade nun, mein Gatte, ich flehe dich an, erkenne Megara. Dieser Sohn gibt deine Züge und dein Gehaben wieder; siehst du, wie er seine Hände ausstreckt?

HERKULES: Ich halte die Stiefmutter. Folge mir, erleide deine Strafe und befreie Jupiter, den ein schimpfliches Ehejoch drückt; aber noch vor der Mutter falle dieses winzige Monstrum.

MEGARA: Wohinaus willst du, Wahnsinniger? Wirst du dein eigenes But vergießen?

AMPHITRYON: Von Schrecken vor dem feurigen Blick des Vaters getroffen, stirbt das Kind noch vor der Verwundung, den Atem hat ihm Furcht geraubt. Nun schwingt er gegen die Gattin die schwere Keule; er hat die Gebeine zermalmt, dem verstümmelten Leib fehlt das Haupt und ist nirgends mehr. Wagst du dies mitanzusehen, allzu zählebiges Alter? Wenn du des Trauerns müde bist, hast du den Tod zur Hand: halte die Brust seinen Pfeilen entgegen oder wende die mit dem Mord der Unsern befleckte Keule hieher. *Zu Herkules* Beseitige den falschen, deinen Namen schänden-den Vater, daß er nicht wider deinen Ruhm zeuge.

THESEUS: Wozu drängst du, Alter, dich selber dem Tode auf? Wo-hin gehst du, Wahnsinniger? Fliehe und birg dich im Ver-steck, entwinde die eine Untat den Händen des Herkules.

HERKULES: Nun ist es gut, des schändlichen Königs Haus ist ausgerottet. Ich habe diese dir geweihte Herde, o Gattin des großen Jupiter, geschlachtet und willig die Gelübde ein-gelöst, die deiner würdig sind; Argos wird noch andere Opfer hergeben.

AMPHITRYON: Noch ist der Sühne nicht genug, Sohn: vollende dein Opfer. Siehe, es steht vor dem Altar das Schlachttier, er-wartet deine Hand mit gesenktem Nacken; ich bin bereit, eile dir entgegen, folge dir nach; schlag zu – was ist das? Irrt meiner Augen Schärfe, trübt Trauer meine Blicke, oder sehe ich des Herkules Hände zittern? Sein Antlitz fällt in Schlum-mer, und müde sinkt sein Nacken unter des Hauptes Ge-wicht; schon stürzt er mit gebeugtem Knie in seiner ganzen Größe zur Erde, wie eine in den Wäldern gefällte Esche oder ein Felsblock, der dem Meer eine Hafenmauer schafft. Lebst du noch, oder hat dich dem Sterben überantwortet das selbe Rasen, das die Deinen in den Tod geschickt? Es ist Schlaf: in regelmäßig wiederkehrenden Zügen geht sein Atem. Seiner Ruhe sei Zeit vergönnt, daß, von schwe-rem Schlummer besiegt, die Gewalt der Krankheit die be-drückte Brust entlaste. *Zu Dienern* Entfernt, ihr Diener, die Waffen, daß er sie in seiner Raserei nicht wieder ergreife.

CHOR: Trauern soll der Äther und des erhabenen Äther großer Vater und die fruchtbare Erde und des bewegten Meeres wo-gende Welle und du allen voran, der du über die Länder und des Meeres Zonen deine Strahlen ausgießest und die Nacht vertreibst mit herrlichem Antlitz, glühender Titan; den Untergang sah gleich dir und deinen Aufgang der Alkide, und er lernte deine beiden Behausungen kennen.

Erlöst von so großen Schreckensbildern seinen Geist, erlöst ihn, ihr Himmlischen, wandelt, daß er sich zum Bessern kehre, seinen Sinn. Und du, Bezwinger der Leiden, Schlaf, du Ruhe der Seele, du besserer Teil des menschlichen Lebens, geflügeltes Kind deiner Mutter Astraea, milder Bruder du des harten Todes, der du Trug mit der Wahrheit mischest, du, der Zukunft zuverlässiger und zugleich schlimmster Verkünder, der Schöpfung Vater, Port des Lebens, des Tages Rast und der Nacht Begleiter, der du, der selbe, König wie Sklaven nahest und das Menschengeschlecht mit seiner Todesfurcht die lange Nacht zu kennen zwingst: nimm gnädig und sanft den Müden in deine Hut, umfange ihn besiegt mit schwerer Betäubung; Schlummer feßle seine unbezwungenen Glieder und verlasse nicht eher seine verfinsterte Brust, als der Geist von einst den Weg zurückfindet.

Siehe, hingestreckt am Boden wälzt er in seinem wilden Herzen grausame Träume: noch ist das Unheil einer so großen Krankheit nicht überwunden, und er, gewohnt, der schweren Keule das müde Haupt anzuvertrauen, sucht mit der leeren Rechten ihr Gewicht, in vergeblicher Bewegung die Arme verwerfend. Und noch hat er bis jetzt den Fieberbrand nicht ganz vertrieben, sondern wie die Woge, vom gewaltigen Süd gepeitscht, bewahrt er den Aufruhr lange und bäumt sich auf noch bei abnehmendem Sturmwind. Vertreibe des Wahnsinns Wogen; Frömmigkeit kehre und Tugend dem Manne zurück. Oder eher bleibe sein Geist erregt von wahnwitziger Bewegung: blinder Irrsinn gehe weiter, wo er begann; einzig Raserei kann dich nun unschuldig erweisen: ein Geschick, das von seinem Frevel nichts weiß, kommt reinen Händen am nächsten.

Nun erdröhne unter seinen Faustschlägen des Herkules Brust; auf die Arme, die gewohnt waren, das Weltall zu tragen, sollen Hiebe niederprasseln von seiner Siegerhand; gewaltige Seufzer höre der Äther, höre des finstern Himmelspols Königin und der wilde, der seine Nacken von gewaltigen Ketten gefesselt trägt, der in der Tiefe seiner Höhle verborgene Cerberus.

Widerhallen sollen von seinem Trauergeschrei das Chaos und die sich ausbreitenden Wasser der weiten Meerestiefe und bis zuinnerst die Luft, die ebensosehr deine Geschosse zu spüren bekommen hatte. Eine Brust, besessen von so großer Krankheit, treffe nicht ein leichter Hieb: von einem einzigen Trauerschlag laß die drei Reiche widerhallen.

Auch du, Heldenpfeil, der du an seinem Nacken als Zierde und Waffe lange Zeit gehangen hast, und du, schwerer Köcher, gebt wütende Hiebe dem wilden Rücken, schlagen soll die tapferen Schultern das Eichenholz und zusetzen der Brust sein mächtiger Strunk mit harten Knoten. Waffengeklirr beklage so große Schmerzen. *Zu den Kinderleichen* Ihr, noch nicht Genossen des väterlichen Ruhmes, als Rächer grausame Könige verwundend, ihr, noch nicht gelehrt, auf der argolischen Palaestra eure Glieder geschmeidig zu machen, tapfer mit den Schlagriemen und tapfer im Ringen, jedoch voll Wagemut, den leichten Pfeil aus skythischen Köchern mit fester Hand wägend zu senden und Hirsche, die sich durch Flucht gesichert glauben, zu durchbohren, doch noch nicht die Rücken mähnentragenden Wildes – geht, Schatten, zu den stygischen Häfen, geht, Schuldlose, die auf der Schwelle des Lebens eures Vaters Freveltat und sein Rasen überwältigt hat. Geht, Kinder, unseliges Geschlecht, auf den traurigen Weg seiner ruhmreichen Taten; geht, suchet auf die Könige in ihrem Zorn.

HERKULES · AMPHITRYON · THESEUS

HERKULES: Was für ein Ort ist das, welche Gegend, welcher Teil der Welt? Wo bin ich? Unter dem Aufgang der Sonne oder unter der Achse der eisigen Bärin? Begrenzt hier etwa das am Hesperischen Meer gelegene Land den Oceanus? Welche Lüfte atme ich? Welcher Boden ist unter dem Müden? Gewiß bin ich zurückgekehrt – wieso sehe ich in mei-

nem zerstörten Hause blutige Leichen? Oder hat etwa
mein Geist die Bilder der Unterwelt noch nicht abgeschüt-
telt? Auch nach meiner Rückkehr noch schwankt vor meinen Augen eine Schar von Abgeschiedenen? Ich schäme
mich, es zu gestehen, mir graut; ich weiß nicht, welches,
ich weiß nicht, welches große Unglück mir mein Geist
weissagt. Wo bist du, Vater? Wo ist sie, meine auf ihrer
Kinder Herde stolze Gattin? Warum ist meine linke Seite
entblößt von der Löwenbeute? Wohin verschwand mein
Schutz, der zugleich für Herkules' Schlaf weiches Lager
war? Wo sind die Geschosse? Wo der Bogen? Wer vermochte mir bei lebendigem Leibe die Waffen zu entreißen? Wer trug so große Beute weg, und wer schauderte
nicht selbst vor Herkules' Schlaf zurück? Mich gelüstet,
meinen Besieger zu sehen, das gelüstet mich. Zeige dich,
du Ausbund der Tapferkeit, den als neuen Helden mein
Vater, den Himmel verlassend, gezeugt hat, zu dessen
Erschaffung die Nacht länger säumte als die meine – welchen Frevel sehe ich? Meine Kinder liegen getötet in bluti-
gem Mord, dahingerafft meine Gattin. Was für ein Lycus
herrscht als König, wer hat es gewagt, in Theben so große
Verbrechen auszuüben nach Herkules' Rückkehr? Der du
des Ismenus Ufer, der die aktäischen Gefilde, der das von
zwei Meeren bespülte Reich des Dardaniers Pelops du be-
wohnst, komm zu Hilfe, zeige des wütenden Verderbens
Urheber an. Mein Zorn stürze sich auf alle: Feind ist jeder,
der mir den Feind nicht angibt. Besieger des Alkiden,
hältst du dich verborgen? Tritt hervor, kommest du als Rächer für die grimmigen Gespanne des blutigen Thrakers
oder für des Geryones Viehherde oder für Libyens Herrscher: der Kampf duldet keinen Verzug. Siehe, entblößt
stehe ich da; es steht dir frei, selbst mit meinen eigenen
Waffen den Waffenlosen anzugreifen. Warum flieht Theseus und der Vater meinen Blick? Warum verbergen sie ihr
Angesicht? Wehrt dem Weinen; verkünde, wer dem Tod
die Meinen alle zumal überantwortet hat. Warum, Vater,

schweigst du? Doch du sage es, Theseus, aber mit der dir eigenen Treue, Theseus. Beide bedecken schweigend ihr schamerfülltes Antlitz, und heimlich vergießen sie Tränen. In solchem Leid, wessen müßte man sich schämen? Hat etwa der zügellose Herrscher der argivischen Stadt, hat ein feindlicher Trupp des sterbenden Lycus uns mit einem solchen Schlag heimgesucht? Bei meiner Taten Ruhm bitte ich dich, Vater, und bei deines Namens mir immer gewogenen Huld, sprich, wer hat mein Haus zugrunde gerichtet? Wem zur Beute lag ich da?

AMPHITRYON: Unbesprochen entschwinde so unser Unglück.

HERKULES: Daß ich ungerächt bleibe?

AMPHITRYON: Oft geriet Vergeltung zum Unheil.

HERKULES: Hat schon einer gelassen so großes Unglück hingenommen?

AMPHITRYON: Jeder, der ein noch größeres fürchtete.

HERKULES: Kann ein größeres als dieses, Vater, oder ein schwereres zu fürchten sein?

AMPHITRYON: Ein wie geringer Teil deines Sturzes ist der, den du kennst!

HERKULES: Erbarmen, Vater, um Schutz flehend strecke ich die Hände aus. Was bedeutet das? Er ist vor meinen Händen zurückgewichen – hier treibt sich Frevel herum. Woher dieses Blut? Was bedeutet jener Pfeil, triefend vom Kindermord, gefärbt vom tödlichen Blut der lernäischen Schlange? Schon erkenne ich meine Waffen. Nicht frage ich nach der Hand: wer anders vermochte den Bogen zu biegen oder welche Rechte die Sehne zu spannen, die kaum mir selbst nachgibt? Ich wende mich zu euch zurück; Vater, ist mein dieses Verbrechen? Stumm sind sie geblieben? Mein ist es.

AMPHITRYON: Dein ist diese Trauer, der Stiefmutter das Verbrechen: dieses Unglück ist frei von Schuld.

*Entstehungs- und Aufführungsdatum unbekannt. Seneca hat von 4 v. Chr. bis 65 n. Chr. gelebt.*

# Traumkunst

Herakles selbst oder ein Standbild zu sehen ist allen, die moralisch und den Gesetzten entsprechend leben, von guter Vorbedeutung, vor allem, wenn sie von jemand Unrecht erleiden; denn solange der Gott unter den Menschen weilte, war er ein Beschützer und Rächer der Bedrückten. Aus demselben Grund ist der Gott für jene, die das Gesetz übertreten und etwas Unrechtes tun, verderblich. Aber er bringt denen Glück, die zu einem Wettkamp, Prozeß oder Schlachtfeld aufbrechen; denn der Gott wird Kallinikos (ruhmvoller Sieger) genannt. Träumt man, mit dem Gott zusammenzuleben, zusammenzuarbeiten, das Essen mit ihm zu teilen, dieselbe Kleidung zu tragen oder von dem Gott das Löwenfell, die Keule oder eine andere Waffe zu bekommen, so ist das nach allgemeiner Beobachtung für jedermann unheilvoll und von schlechter Vorbedeutung; zu dieser Überzeugung bin ich durch lange Erfahrung gekommen. Aus gutem Grund und mit Recht gehen derartige Traumgesichte nicht günstig aus; denn der Gott läßt den Träumenden an der Lebensweise teilnehmen, die er selbst geführt hat, aber das Leben des Gottes war voller Mühen und Plagen, als er unter den Menschen weilte, auch wenn es ihm Ruhm und Glanz brachte. Oft bedeutet das Traumgesicht auch, man werde in solche Situationen geraten wie der Gott, als er diese Waffen führte.

*2. Jh. n. Chr.*

SEBASTIAN BRANT

## Tugent Spyl

HEROLT.
Lieben freünd ir haben vor manchen tagen
Von der Tugendt spyl hören sagen.
Wie sie mit fraw Wolust hat disputiert
Auff die zeit Hercules auch eingefürt.
Wie der sie verhört hatt / und bescheyden
Und ein urtheyl geben zwischen in beyden
Damit die verlorne töchter all
Wider kommen in der Tugent stall
Darneben thåten wir eüch auch bedeüten
Manch löblich geschicht zůn selben zeyten
Nun seind wir des willens aber nun
Dergleichen anzeig euch hie zů thůn
Und Hercules zům theyl anrůren
Doch etlich new matery infůren
Die wir vor nit hant anzeigt /
Der hoffnung jederman werd geneigt /
Mit lust und gedult uns gern zů hören
Zů lob der Tugent und allen Eeren /
Wiewol Hercules den anfang würd han
Würd er den platz doch andern lan /
Seins alten wesens vil vermyden
Und des gezenckß sovil lyden /
Sonder Susannam und anders hören
Da man vil tugent bei mag leeren /
Dadurch Wolust so gar würt vertruckt /
Das sie sich in ein winckel schmuckt
Und gtar ir augen nit auffthun
Hörn zů wir wend anfahen nun
Durch Hercules thün ein kurtzen strouff
Dornach lassen der Tugent iren louff /

Und was zů Gotts ehrn dienen mag
Werden ir vil hören auff disen tag.


*Geht* Mercurius *herfür zů* Hercules *und spricht.*
Hercules hôr was ich sagen wôll
Du bist ein junger starcker gsell
Und als vil achten und meynen nůn
Du seyest des grossen Jupiters Son /
Da wer mein Rath du soltest dich keren
Zů rechten Tugenden und zůn Eeren
Das man språch / das ist eins bydermans Son
Er will warlich sein sachen recht thůn /
Und gůten wercken hangen an /
Das menglich spricht / darauß würt ein mann
Der sich in seiner jugent stelt
Das es Gott und der welt gefelt
So würstu bald ein redlicher Helt /
*Spricht* Hercules.
Du siechst mein wesen und mein jůgent
Wer will mich leren den weg der tůgent
Ich weyß doch nit wo der hingaht
Wo der end oder anfang hatt.
Mercurius.
Kumm her ich will dir zeygen an /
Welchen weg du solt an hingan
Das du blibst auff der Tugent ban
*Zeigt im den wassechten weg mit dornen /*
Sih an wie dieser weg entspringt
Im mittel sich von einander tringt
Ein seit zůr rechten eng und hoch
Von auffgang / breytet sich darnach
Der ist ruch / hert / nit wol gebant /
Dann wenig disen weg hin gant /
Der ander ist glat / lustig und weyt
Dann er vil gebraucht würt allzeyt /

121

Zůr lincken Handt hatt der zů ker
Da man sucht weder glimpff noch Er /
Dort sitzt fraw Wolust wol geziert
Die manchen menschen hatt verfůrt /
Mit ir geziert und yppigkeit
Doch endt sie sich mit trurigkeit /
Ir Ion würt nur dann hertze leyd
Den weg wôllest fliehen wie den todt
Zům weg der Tugent ich dir rath.

HERCULES *spricht.*

Du růmest die Tugent mir so wol
Mein hertz darvon würt freüden voll /
Môcht ich der Tugent angesicht sehen
Mir môcht auff erd nit lieber beschehen.

1554


DANIEL CASPER VON LOHENSTEIN

## Sophonisbe
*509–626*

*Reyen*
*Des Hercules. Der Wollust und Tugend. Keyser Leopolds Geist.*
HERCULES.

WO wird / nach so viel Mŭh und Streit /
Nach ŭberwund'nen Schlang' und Riesen /
Durch der erzŭrnten Juno Neid
Erst Hercules noch hingewiesen?
Ihr Gôtter / die ihr bey mir steht /
Helft: daß mein Fuß nicht irre geht!

DIE WOLLUST.

Einfåltiger! darf's eines Zweifels noch?
Sihstu hier nicht den Garten? dort die Hecken?

Hier trägt man Sammt / dort schlepp't man Bley und Joch.
Dort muß man Gall' / hier kan man Zucker schmecken.

DIE TUGEND.

Laß dich den Wurm / Alcides / nicht verführn.
Der Tugend Kern beschämt der Wollust Schalen.
Die Lielgen / die der Wollust Abgrund zier'n /
Sind Disteln / die mit falschem Silber pralen.

DIE WOLLUST.

Setz' einen Fuß nur auf den weichen Pfad /
Den dir die Hand mit Nelcken gantz verneuet.

DIE TUGEND.

Halt! schaue vor: was es für Wespen hat
In ihrer Schoos / aus der sie Blumen streuet.

DIE WOLLUST.

Dis / was du siehst in meinem Blumwerck spieln /
Sind Stachel-leer und Honig-reiche Bienen.

DIE TUGEND.

Du wirst den Stich eh als ihr Zucker fühln;
Ja siehe: Nattern nisten unter ihnen.

DIE WOLLUST.

Doch ohne Gift. Sie saugen reinen Saft
Aus diesen Rosen / die nie sind erblichen.

DIE TUGEND.

Es ist kaum Mah; Einschläffen ihre Kraft.
Nur Tulpen / die nichts / oder heßlich richen.

DIE WOLLUST.

Sie tragen Frücht' und Aepfel dicht' aus Gold.

DIE TUGEND.

Wol! laßt uns sie hier auf die Wage legen!

DIE WOLLUST.

Dis wird erwerben Mir Alcidens Hold.

DIE TUGEND.

Die Haselnuß wird ihrer drey abwegen*.

---

* abwegen = abwägen.

DIE WOLLUST.

Was leicht' ist / gleicht den Sternen und klimmt hin.

DIE TUGEND.

Schaust du's: dis Gold hat in sich nichts als Aschen.

DIE WOLLUST.

Der Mensch wird Vieh auch durch die Zauberin.

Wol! diesen Schimpf sol mir ihr Blutt abwaschen.

DIE TUGEND.

Wil auch dis Thier mit güldnen Pfeilen praln?

Schaut: Sie sind nur aus Wachs und Bley bereitet.

DIE WOLLUST.

So sol der Spiß dir deinen Hochmuth zahln!

DIE TUGEND.

So siget / wer mit gläsern Lantzen streitet!

DIE WOLLUST.

Ich wil dich fålln auch ohne Pfeil und Spieß.

DIE TUGEND.

Durch ein schön Lied bezaubernde Sirene?

DIE WOLLUST.

Ja / Orpheus zwingt hierdurch die Finsternůs.

DIE TUGEND.

Hört! wie verstimmt mein Griffel ihr Gethône.

DIE WOLLUST.

Nicht lasse dich durch diesen Blåndungs-Dunst
Von meiner Feder-weichen Bahn ableiten.
Mein Bett' ist Seid'/ und durch der Seren Kunst
Laß' ich Damast den meinen so bereiten.

DIE TUGEND.

Schaut den Betrug! in dieser Seide sind
Stro / Nesselkraut / Dorn / Disteln / Stein verstecket.

DIE WOLLUST.

Ja! weil mein Arm hieraus auch Seide spinnt;
Aus Gall und Gift Zibeth und Zucker becket.

DIE TUGEND.

Was sich der Wurm / der Molch / die Schlange rühmt!

DIE WOLLUST.

Die Gold bekrônt / und Wurmgespinste kleidet?

DIE TUGEND.

Die Aeßer sind mit Veilgen oft beblümt.

DIE WOLLUST.

Die Mißgunst schmeht auch Engel / die sie neidet.

DIE TUGEND.

Wol! wir wolln bald des Engels Schônheit sehn!
Ich muß ihr den geborgten Rock ausziehen.
Kan sich ein Bettler in was ârgers nehn?
Wer wolte nicht für dieser Sclavin flihen?
Wirf aber auch den Bettler-Mantel weg.
Schaut: ist ein Schwein besudelter zu schauen?
Dis ist ein Krebs- und dis ein Aussatz-Fleck.
Muß dir nicht selbst für Schwer- und Eyter grauen?
Der Wollust Kopf ist Schwan / der Leib ein Schwein.
Laßt uns die Schminck' im Antlitz auch vertilgen.
Hier fault das Fleisch / dort frist die Lauß sich ein /
So wandeln sich in Koth der Wollust Lilgen.
Noch nicht genung! zeuch auch die Lumpen aus /
Was zeigt sich nun? Ein Aaß / ein todt Gerippe.
Besih' itzt auch der Wollust innres Hauß:
Daß man sie in die Schindergrube schippe!

HERCULES.

Gesicht' erschrecklicher Gestalt!
Sey Wollust tausendmal verfluchet!
Mein Hertze schlâgt / der Leib wird kalt!
Weh dem / der diesen Irrweg suchet!
Wol dem! der mit mir treten kan
Hier auf der Tugend Distel-Bahn.

DIE TUGEND.

Mein Distelweg hat in sich Ros' und Klee /
Die finstre Kluft das Paradis / den Himmel.
Mein Sonnenschein vertilget Eiß und Schnee /
Mein Lorberzweig verleschet Schweiß und Schimmel.

Hier steht der Trohn der Ehren aufgebaut.
Hier hencket* die verwelckens-freye Krone.
Weg / Hercules / mit deiner Lôwen Haut!
Empfang den Zepter / füge dich zum Trohne.
Ich werffe selbst mein håren Kleid von mir;
Weil Perl' und Gold die Tugend kleiden müssen.
Besteig den Thron. Dort folgt noch einer Dir.
Numidien bekrônet Masanissen.

HERCULES.

So hoch sitzt der / der Lôwen zwingt /
Der Riesen dämpft / die Helle stürmet;
Der mit der Wollust siegbar ringt /
Der's Vaterland und Tugend schirmet.
Die Sternen werden seine Kron' /
Die Welt sein Reich / der Ruhm sein Trohn.

Doch was umbstrahlt mich für ein Glantz?
Die Tugend wincket mir abzutreten.
Betritt den Stuhl / empfing den Krantz.
Ich bin bereit dich anzubethen!
Nim mich in deinen Schutz und Hold /
Durchlauchtigst-grosser Leopold.

Mein Lôw' und Drach' / und der Busir
Sind schwächer als Stamboldens Drachen.
Die aber bücken sich für dir /
Und müssen schimpflich Friede machen.
Ja Leopold wird noch ihr Reich
Carthagens Asche machen gleich.

Der güldnen Aepfel Kostbarkeit
Aus der Hesperiden Gepüschen /
Den mir erwarb mein Drachen Streit /
Ist als zu schlecht nicht zu vermischen
In dein erstritten Friedens-Gold
Durchlauchtigst-grosser Leopold.

* hencket = hänget.

Das güldne Flüß / wo Phasis rinnt
Nach dem ich als Geferthe reise /
Weicht dem / das Leopold gewinnt /
Wie hoch gleich jenes Jason preise.
Madrit und seiner Perle Zier
Geht Colchos ja und Golde für.

*1680*


FRANK WEDEKIND

## Herakles

*Dritter Akt, XII*

HEBE
*Lichterfüllter Wolkenraum. Saitenspiel. Herakles mit Löwen-*
*fell und Keule tritt ein und sinkt vor Hera in die Knie.* *

HERAKLES
Endlich schau ich dein Antlitz,
Hohe, himmlische Göttin,
Der ich zu Ehren gekämpft,
Seit meine Prüfung begann.
HERA
Vor deiner Mutter Tür hab ich gekauert,
Als sie mit dir in Wehen lag. Ich preßte
Die Knie aneinander, daß ihr's nicht
Gelänge, Herakles zur Welt zu bringen.
HERAKLES
War das ein Wunder, da Schande
Meine Geburt über dich
Weltallgebieterin brachte,
Bis ich dein Weltall befreit.


* Nicht hinter Schleiern zu spielen.

**HERA**

Zwei Schlangen sandt ich, dich zu töten, als
Du in der Wiege lagst, voll bangem Grauen,
Daß deine ungezähmte Götterkraft
Das Weltall schonungslos verwüstete.

**HERAKLES**

Wahrlich, es fiel nicht leicht,
Göttliche Gaben zu bändigen.
Nie fand ein Sterblicher sich
Schwerer ins irdische Joch.

**HERA**

Als Megara dein Weib war, trieb ich dich
Zu dunkler Wahnsinnstat, daß dem Verbrecher,
Der untilgbaren Abscheu auf sich lud,
Kein Mensch auf Erden mehr Vertrauen schenkte.

**HERAKLES**

Stets wieder tobte das Chaos,
Stets wieder wankte die Erde.
Leichter war alles errungen
Als der häusliche Herd.

**HERA**

Noch als du mit der Hydra kämpftest, hieß ich
Den Seekrebs an der Ferse dich verwunden.
Da deiner Übermacht kein Feind mehr standhielt,
Hofft ich auf deinen Untergang durch ihn.

**HERAKLES**

Mich beirrte dein Seekrebs
Mehr nicht als andere Nörgler,
Deren in tosender Feldschlacht
Kaum ich zu achten vermocht.

**HERA**

Noch eine List hab ich dir zu bekennen.

**HERAKLES**

Mich machst du stolzer, daß sie nicht verfing.

**HERA**

Stiegst hoch genug du, meine List zu hören?

HERAKLES

Vor Hera knie ich, nicht vor Pythia.

HERA

Als Amazonenjungfrau hintertrieb ich
Dein freundlich Handeln mit der Königin.
Wir stürmten an. Du rissest sie vom Pferd,
Und du erschlugst die künftige Geliebte.

HERAKLES

Ungezählte Geliebte
Hielt ich in feurigen Armen.
Unter allen war keine,
Deren Herz ich gewann.

HERA

Erheb dich, Herakles. Sieh die Geliebte,
Der du im Herzen waltest, vor dir stehn.

*Auf Heras Wink ist Hebe eingetreten, Hera verschwindet.*

HERAKLES *der sich erhoben*

Was fang ich an mit dir, erneutes Trugbild?
Enttäuschung, glaubt ich, läge hinter mir.

HEBE

Sei unbesorgt. Fängst du mit mir nichts an,
So weiß ich doch mit dir was anzufangen.

HERAKLES

Dein hoher Liebreiz läßt mich fast beklagen,
Daß keinerlei Verlangen in mir wach.

HEBE

In mir lebt um so mehr, mich dankbar dir
Durch Freuden und durch Ehren zu erweisen.

HERAKLES

Als noch im Kampf ich stand, hätt beides mich
Gestärkt, gelabt. Jetzt scheint mir's überflüssig.

HEBE *umfaßt seine Knie*

Nicht unversöhnlich sein! Galt all dein Ringen
Dem schönen Ziel nicht, andere zu beglücken?

HERAKLES

Dein Fußfall mahnt an eine düstre Stunde,
Der Mißmut folgten und Entwürdigung.

HEBE *sich erhebend, ihn kosend*
Von Düsterkeit kein Wort! Kein Wort von Mißmut!
Jetzt heißt es, mit den Himmlischen sich freun!

HERAKLES *sie küssend*
Wirst du denn auch inmitten höchster Lust
Mich nicht mit Eifersucht zu Tode martern?

HEBE
Im Gegenteil! Viel Tausend stehn mir froh
Zur Seite, Lust und Liebe dir zu weihn.

HERAKLES
Viel Tausende gleich dir? Selbst Herakles
Kann solch verliebter Andrang stutzig machen.

HEBE
Laß dich's nicht schrecken! Freu dich ihrer Glut,
Wie sie entbrennen, göttlich dich zu ehren.

HERAKLES
Mich, dem es kaum gelungen, Mensch zu sein?

*Die Knaben und Mädchen aus Keneion sind eingetreten.*

DIE KNABEN UND MÄDCHEN *singen*
Heil sei dem Kämpfer.
Ihn krönt Unsterblichkeit,
Ihn preist der Jugend
Flammender Mund.

Sterbliche Kräfte,
Rasch seid ihr hingerafft.
Wer euch erhöhte,
Sei unser Held.

So hebt die Menschheit
Über die Menschheit sich.
Helden erklimmen
Kämpfend die Höhn.

*1917*

# »Herakles, ein armer Schatten«

SOPHOKLES

# Die Trachinierinnen
*1046–1111*

Viel heiße Kämpfe hab' ich, schon zu denken schlimm,
mit meinen Fäusten, meinem Nacken durchgekämpft.
Niemals jedoch hat Zeus' Gemahlin solche Qual
mir auferlegt, auch des Eurystheus Tücke nicht,
wie sie die falschgesinnte Tochter Oineus' jetzt
um meine Schultern warf mit dem Gewand, das mir
die Rachegeister webten, das den Tod mir gibt.
Denn festgeklebt am Leib, hat sich's von außen her
ins Fleisch gefressen, haust in mir und saugt mir an
den Lungenröhren, hat mein bestes Lebensblut
schon weggetrunken, und so siecht mein ganzer Leib
dahin von dieser rätselhaften Fessel Griff.
Kein Kampf im Felde, nicht das erdgeborene
Heer der Giganten, auch nicht wilden Tiers Gewalt,
nicht Hellas noch ein fremdes Volk, soweit ich kam,
als ich die Erde säuberte, tat dies mir an:
ein Weib, ein weibisch Wesen, nicht von Mannes Art,
hat jetzt allein mich, ohne Schwertstreich hingerafft!
O Kind, nun zeig dich mir als echtgeborner Sohn
und laß der Mutter Namen dir nicht höher stehn!
Auf deinen Armen bring die Mutter aus dem Haus!
Gib sie in meine Hände, daß ich sehen kann,
ob's dich mehr schmerzt, mein Los als ihres anzusehn,
So geh, mein Kind, und fasse Mut! Erbarm dich mein,
der vielen leidtut, der wie eine Jungfrau laut
aufschluchzt im Weinen, und nicht einer dürfte wohl
je sagen, daß der Mann hier sonst sich so verhielt.
Nein, klaglos immer beugt' ich allen Übeln mich.
Statt eines solchen sieht man heut ein elend Weib!
Und nun komm her und tritt zum Vater nah heran

und sieh dir an, durch welches Unglück ich all dies
erdulde; denn ich zeig' es ohne Hüllen dir.

*Er deckt sich auf*

Schau her! Betrachtet alle dieses Unheilsbild!
Seht an den Armen: wie beklagenswert ich bin!
Ah, ah, diese Qual,
oh, oh,
soeben brennt der Krampf des Schmerzes wieder auf,
durchtobt die Flanken, und es scheint, die mörderisch
fressende Krankheit läßt mich nie mehr ohne Qual.
O Herrscher Hades, nimm mich hin!
O du, Zeus' Blitzstrahl, triff mich!
O schleudre, Herr du, schmettre dein Geschoß herab,
Vater, den Wetterstrahl! Denn wieder frißt es jetzt,
es wächst und bricht hervor. O Hände, Hände ihr,
o Brust und Rücken und ihr Arme, stets getreu,
seid ihr denn wirklich noch dieselben, die dereinst
Nemeas Wohngast, Plagegeist des Hirtenvolks,
den Löwen, unbezähmbar wüstes Ungetüm,
bezwangen mit Gewalt und Lernas Schlange dann
und der Kentauren Heer, roßbeinig, zwiegestalt,
unbändig, frevelnd, riesenstark, gesetzlos wild,
den erymanthischen Eber, in der Unterwelt
Hades' dreiköpfigen, unbezwingbarn Höllenhund,
der schrecklichen Echidne Sproß, den Drachen, der
die goldnen Äpfel hütet fern am Rand der Welt.
Noch viele tausend andre Mühen kostet' ich,
doch niemand wurde Sieger über meinen Arm,
und jetzt, kraftlos an Gliedern, mit zerfetztem Fleisch,
bin ich vom blinden Greuel heillos ausgehöhlt,
und wurde doch der besten Mutter Sohn genannt
und ward gerühmt als Zeus', des Sternenlenkers, Sproß!
Dies aber sollt ihr wissen: bin ich gleich ein Nichts
und kann kaum kriechen, – sie, die mir das angetan,

werd' ich dafür vernichten! Komme sie nur her,
damit sie lerne, allen kundzutun, daß ich
im Tod noch, wie im Leben, Böse züchtige!

*Entstanden zwischen Ende der fünfziger oder Anfang der vierziger Jahre des 5. Jahrhunderts*

## Carmina Burana

Einst zerschmetterte Herkules in gewaltiger
Anstrengung allüberall die Ungeheuer,
beseitigte des Erdkreises tödliche Übel,
und deshalb leuchtete sein Name weit
und breit im Glanz seiner Ehrentitel.
Schließlich jedoch verwelkte
sein ehedem gefeierter Ruhm
und wurde in dunkle Finsternis gesperrt,
da der Alkide von Ioles Lockungen
sich umgarnen ließ.
*Refr.* Liebe macht, daß Verdienst
und Ruhm verwelkt;
wer liebt, bedauert keinen
Zeitverlust,
sondern verwendet kläglich seine Kraft darauf,
mit Venus kraftlos zu werden.

Die Hydra, die nach Verlust eines Kopfes
immer noch weitere dazu bekam,
wilder rasend als jede andere Pestilenz,
konnte ihn nicht
aus der Fassung bringen;
aber nachdem ihn ein Mädchen gezähmt hatte,
beugte er sich unter das Joch der Venus,

ein Mann, der, stärker als die Himmlischen,
den Himmel auf seinen Schultern trug,
als Atlas müde war.
*Refr.* Liebe macht, daß Verdienst ...


Dem Kakus nützte nicht sein tödlicher
Atemhauch, nicht, daß er Feuer spie,
noch dem zweigestaltigen Nessus,
daß er floh;
Hesperiens Gerion
und der Wächter des Höllentors,
beide dreigestaltet,
konnten den nicht schrecken,
den ein Mädchen mit seinem naiven Lachen gefangenhielt.
*Refr.* Liebe macht, daß Verdienst ...


Zartem Joche beugte sich,
der den Wächter des reichen Gartens
in tödlichen Schlummer
versetzte,
der das Horn von Achelous Stirn
der Göttin des Überflusses schenkte,
der sich durch die Zähmung des Stiers
und des Löwen hervortat,
die wilden Rosse mit der Leiche
des blutrünstigen Gastgebers fütterte.
*Refr.* Liebe macht, daß Verdienst ...


Er stand den Kampf
mit Antäus dem Libyer durch,
er vereitelte die Hinterlist
eines trügerischen Falles, weil er
verhinderte, daß jener sich fallen ließ.
Aber er, der sich so aus den gefährlichen
Umklammerungen dieses Ringkampfes löste,
läßt sich fesseln und besiegen,

indem er,
Jupiters großer Sohn,
in Ioles Arme gleitet.
*Refr*. Liebe macht, daß Verdienst …


So glänzende Ehrentitel
hatten ihm seine Arbeiten eingetragen,
und dann steckt ihn ein Mädchen
in ein Gefängnis mit süßen Fesseln.
Indem sie ihn küssend leckt,
schenkt sie ihm mit ihren Lippen
den Nektar der Venus ein:
Ein Mann, der sich dem Nichtstun
und dem Vergnügen überläßt,
denkt nicht mehr daran, sich anzustrengen
und Ruhm zu erwerben.
*Refr*. Liebe macht, daß Verdienst …


Ich aber will, tapferer als der Alkide,
den Kampf
mit Venus aufnehmen.
Um sie zu besiegen, fliehe ich sie;
in diesem Streit nämlich
kämpft man tapferer
und leichter, wenn man flieht,
und so gewinnt man gegen Venus: Sie wird
durch Flucht in die Flucht geschlagen.
*Refr*. Liebe macht, daß Verdienst …


Die süßen Knoten der Venus
und Riegel ihres
lustvollen Kerkers breche ich auf,
dadurch auf, daß ich mich anderen
Beschäftigungen widme.
O Lycoris, lebe wohl, und nimm dir dasselbe

vor, was auch ich mir vorgenommen habe:
Ich habe mein Herz, das durch die Liebe
zerrissen war, von der Liebe abgewandt.
*Refr.* Liebe macht, daß Verdienst ...

*Entstanden spätes 13. Jahrhundert*

EMANUEL GEIBEL

## Mythus vom Dampf

Es ruht auf klarem Perlenthrone
Die Meerfey im Krystallpalast,
Der Feuergeist mit güldner Krone
Durchschweift die Lüfte sonder Rast;
Sie meiden sich mit finsterm Grollen,
Sie stören, was des andern ist;
So lang des Erdballs Achsen rollen,
Währt unversöhnt ihr grimmer Zwist.

Da fängt in erzgetriebnen Schranken
Der Mensch, der Schöpfung Herr, die zwei,
Daß dienstbar seines Haupts Gedanken
Ihr ungestümes Walten sei.
Er bändigt ihren Grimm gelassen,
Er gibt dem dumpfen Trieb das Ziel;
In's Brautbett zwingt er die sich hassen
Zu unerhörtem Minnespiel.

Und sieh, aus ihrem dunkeln Bunde,
Aus Lieb' und Abscheu, Brunst und Kampf
Erwächst in mitternächt'ger Stunde
Das starke Riesenkind, der Dampf.

Mit wildem Tosen, hochgestaltig
Entspringt er aus der Wiege Haft,
Durch all sein Wesen gährt gewaltig
Des Vaters Zorn, der Mutter Kraft.

Er fühlt's in seinen Adern sieden,
Ihm dünkt kein Werk zu schwer, zu groß,
Doch ach, es ward ihm nicht beschieden
Ein Feld des Ruhms, ein Heldenloos.
Nicht darf er in die Wolken greifen,
Nicht spielen mit des Blitzes Loh'n,
In Lüften nicht die Welt durchschweifen,
Ein freigeborner Königssohn.

Nein, wo der Mensch von Eisenschienen
Sein unabsehbar Netz gespannt,
Da muß in hartem Frohn er *dienen,*
Ein Herkules im Knechtsgewand,
Da muß er mit des Windes Flügel
Wettlaufen in erglühter Hast
Und über Haide, Strom und Hügel
Dahinziehn die gethürmte Last.

Des Mühlrads ungeheure Speichen
Muß er im Schwunge rastlos drehn,
An's Schiff geschmiedet muß er keichen
Als Ruderknecht bei Sturmeswehn,
Er muß den Riesenhammer führen
Zu ewig wiederholtem Schlag,
Des Webstuhls Spulen sausend rühren;
Ein neues Werk bringt jeder Tag.

Seit Jahren trägt er's, doch im Stillen
Gedenkt er seines Stammes noch,
Und feindlich allem Menschenwillen,
Ingrimmig knirscht er in sein Joch.

O wenn von seiner Kraft getrieben
Ihr Nachts durchflogt ein weit Gebiet,
Vernahmt ihr bei der Funken Stieben,
Vernahmt ihr nie sein dräuend Lied?

»Frohlocket nur, ihr Herrn der Erde!
Ihr Staubgebilde bläht euch nur,
Daß ihr uns herzwangt zur Beschwerde,
Die alten Götter der Natur!
Ein schnöder Raub ist eure Krone,
Ein Hochverrath ist euer Ruhm;
Denn uns verstießet ihr vom Throne
Und theiltet unser Fürstenthum.

»Wohl dienen wir euch nun als Knechte,
Und dulden eurer Geißel Schlag;
Doch murren wir im Schooß der Nächte,
Und harren auf der Sühnung Tag.
Es bleibt des Glückes Sonnenwende
Für kein Geschlecht von Herrschern aus;
Auch euer Reich hat einst ein Ende!
Auch euer Bau zerfällt in Graus!

»Wenn ihr dereinst in Eisenbande
Des letzten Eilands Wildniß schlugt,
Wenn prunkend ihr durch alle Lande
Die Fackel stolzer Weisheit trugt,
Wenn dann von euren Königsesseln
Ihr greifet nach des Himmels Schein:
Dann springen jählings unsre Fesseln,
Dann bricht der Tag des Zorns herein.

»Dann wird des Vaters Krone blitzen,
Und jeder Blitz ist Weltenbrand;
Dann wird bis zu der Berge Spitzen
Die Mutter ziehn ihr Schaumgewand;

Dann will ich selbst auf freier Schwinge
Durch's All, Zerstörung brausend, wehn,
Und überm Trümmersturz der Dinge
Aufjauchzen, und in's Nichts vergehn.«

*1856*


FERDINAND KÜRNBERGER

## Herkules und Alpheus

In allen zivilisierten Rechtsstaaten gibt es umsichtige Preßge-
setze und außerordentlich pflichtgetreue Staatsanwaltschaf-
ten, welche den Gebrauch des ländlichen Wortes *Hornvieh* in
unendlich vielen Fällen erschweren, ja unmöglich machen, so
daß eine »taktvolle Presse« in Benützung dieses unschul-
digen, aber von den Zeichendeutern für zweideutig gehalte-
nen Wortes die äußerste Reserve sich aufzulegen beflissen ist.
Desto ungenierter springt aber auch die taktvollste Presse mit
dem Worte *Augiasstall* um. Und doch ist ein *Augiasstall* ohne
das gehörige Hornvieh gar nicht denkbar und ist besagter Stall
just dadurch so hochberühmt geworden, weil ihn Tausende
von Ochsen hundert Jahre lang – organisch-chemisch benutzt
hatten. Doch nein, nicht dadurch allein. Das Renommee jener
altehrwürdigen historischen Stallung knüpft sich nicht sowohl an das Andenken des größtmöglichen Mistes, welchen
die Welt je gesehen, als vielmehr an den Namen jener tüchtigen Arbeitskraft, welche mit sotanem Miste radikal aufge-
räumt hat. Es ist ein rührender Zug vom schönen Menschen-
gemüt, von der Dankbarkeit und Großmut des Volksherzens,
daß man bei dem Worte Augiasstall nicht an die Ochsen – sondern an *Herkules* denkt.

Aber an eines sollte man doch dabei denken, und zwar an
die Hauptsache. Herkules war bei der Reinigung des Augias-

stalles doch nur die Haupt*person*, aber die Haupt*sache* war die von ihm benützte Wasserkraft, der Fluß Alpheus. Das scheint mir wichtig. – Bekannt ist nämlich, daß Herkules mit dem berühmten Stallmist nicht etwa gabelweis aufräumte, oder, wie wir es in der neuesten Aera der Ehegerichts – Akten nennen würden, von »Fall zu Fall«. Nein, ein Gott arbeitet aus dem ganzen und vollen; – und dann erst die Götternase! Herkules bewies sich als ein echter Abkömmling vom Westend der alten Welt, vom Olymp, daß er den faulen Misthaufen *vor* der Erfindung des Kölnerwassers nicht mit der Mistgabel anrühren wollte. Dieser Zug legitimiert ihn als Gentleman, als Sohn eines ambrosiaessenden Vaters.

Herkules beobachtete also ein Verfahren, welches nicht gabelweis, sondern radikaler, zugleich aber auch reinlicher war als der Radikalismus der Bierbank, distinguierter, vornehmer. Er operierte gleichsam wie ein whigistischer Lord und Aristokrat. Kurz, er leitete, wie männiglich weiß, den Fluß Alpheus in den Augiasstall und ließ durch die Wellen des Flusses den Mist hinwegspülen. Ein Meisterstreich, und mit Recht hat er den Ruhm davon!

Sollte ihn aber doch nicht ungeteilt haben! Die eigentliche Herkulesarbeit, wie man sieht, hat immerhin nicht Herkules verrichtet, sondern der Fluß Alpheus. Die Welt beruhigt sich bei der Arbeit des Herkules, gleichsam als ob sich ihr Gelingen von selbst verstehen müßte. Es versteht sich aber *nicht* von selbst, durchaus nicht von selbst.

Sooft vom Augiasstall die Rede ist – und in der wunderbaren Herrlichkeit unsrer modernen Rechtsstaaten und Fortschritts-Ären ist täglich von ihm die Rede –, sooft dieses duftige Wort mir entgegenkommt, denke ich weit weniger an Herkules als an Alpheus. Ich frage mich dann: Wie wenn dieser Fluß zufälligerweise nun nicht ein rasches und strömendes Wasser gewesen wäre, sondern ein träges und schleichendes? Und bei dieser Frage überläuft mich ein Grauen!

Dann hätte das träge und schleichende Wasser den kompakten Augiasmist nicht nur nicht weggeschwemmt, sondern es hätte seinen eigenen Schlamm noch darauf abgesetzt. Nach einiger Zeit wäre es verdunstet und eingetrocknet wie jedes Sumpfwasser, und der fruchtbare Schlamm – denn fruchtbar ist er, das muß man bezeugen! – hätte ohne Zweifel eine prachtvoll-geile Flora aufblühen lassen, eine *Flora parlamentaria* von Armee-Lieferungen, deren Lieferanten die Parlamentsherrn sind, von staatsgarantierten »Weltbahnen«, deren Konzessionen und Verwaltungsratsstellen die Parlamentsherren bekommen, von Franz-Josefs- und eisernen Kronen-Orden, deren Kreuze und Sterne die Brust der Parlamentsherren bedecken. Besagte Flora hätte dann weithin geleuchtet und gepranget, so daß sie allen Glücksrittern, allen Ehren- und Ämterjägern, kurz allen »Talenten« wirklich und veritabel als ein Paradies erschienen, als ein Eldorado und Garten Eden, als die neueste und glücklichste Ära, wie eine neuere und glücklichere schon nicht mehr zu erdenken und auszusinnen. Nur schade aber, daß dabei der Mist des Augiasstalles mit nichten hinweggeschwemmt worden, sondern unter der neuen beblümten Schlammdecke, die ihn wohl gar noch beschützte, ruhig liegen geblieben wäre, gleichsam als ein wohlkonserviertes Herkulanum und Pompeji der »ererbten Übelstände«.

Also auch Herkules hätte nichts ausgerichtet, wenn nicht die Wasserkraft, mit welcher er operierte, von einem starken Gefälle kam. Ein paar Zoll weniger – und das Gefäll stagnierte, und der ganze Ruhm dieser Herkulesarbeit war fort, und der ganze Augiasstall mit all seinem Miste blieb da! Es liegt eine peinliche Spannung in diesem Gedanken. Von einer Lehre, welche darin liegt, will ich gar nicht sprechen, denn wer läßt sich denn noch belehren?!

Dagegen gereicht es mir zu wirklichem Troste und verscheucht all meine hypochondrischen Grillen, daß sich heute die Schleusen unsers Alpheus wieder geöffnet haben und der prächtig wogende Strom des österreichischen Reichsrates mir in erhabenen, weltgeschichtlichen Rhythmen die majestätische Götterarbeit des Herkules vor die andächtig lauschenden

Sinne zaubert. Das ist ein Stromgefäll, wie es ein Herkules braucht! Am Ufer dieses Stromes müssen alle angekränkelten und ungesunden Zweifel schweigen, – *alles schweigt!*

*1869*


FRIEDRICH DÜRRENMATT

## Herkules und der Stall des Augias

*6. Im Hause des Herkules in Theben*

*Polybios bleibt rechts stehen.*
*Der Podiumsvorhang teilt sich.*
*Deianeira in einem griechischen Interieur. Sie sitzt auf einem griechischen Kanapee und bürstet die Löwenhaut.*

DEIANEIRA  Die Heftigkeit tut mir leid, Polybios, mit der dich Herkules behandelt hat.
POLYBIOS  O bitte.
DEIANEIRA  Herkules schätzt dich. Seine Schale ist rauh, aber sein Herz ist gut.
POLYBIOS  Das ist auch das wichtigste.
DEIANEIRA  Dein Bein schmerzt wohl noch?
POLYBIOS  Hauptsache, daß ich kein Fieber mehr habe.
DEIANEIRA  Und was führt dich zu mir?
POLYBIOS  Der Präsident von Elis schrieb einen Brief.
DEIANEIRA  Der drollige Bauer, der von Herkules verlangt, er möge ihm das Land ausmisten? Ich mußte über diese Geschichte furchtbar lachen.
POLYBIOS  Ich hatte leider noch keine Gelegenheit dazu, Madame. Mein Bein.
DEIANEIRA  Natürlich, Polybios. Dein Bein.
*Sie schweigt verlegen, bürstet weiter.*

DEIANEIRA  Du meinst doch nicht etwa, wir hätten den Auftrag
    annehmen sollen?

POLYBIOS  Madame, in Anbetracht unserer Schulden –

*Sie starrt ihn verwundert an.*

DEIANEIRA  Wir haben Schulden?

POLYBIOS  In der Tat, Madame.

DEIANEIRA  Viele?

POLYBIOS  Wir werden von den Gläubigern belagert, und von
    den Betreibungen mag ich gar nicht erst reden. Wir stehen
    vor dem Konkurs, Madame.

*Schweigen. Trotziges Bürsten.*

DEIANEIRA  Ich verkaufe meinen Schmuck.

POLYBIOS  Madame, Ihre Steine sind nicht mehr echt. Wir
    waren gezwungen, sie durch falsche zu ersetzen. Nichts in
    diesem Hause ist mehr echt.

DEIANEIRA  Nur die Löwenhaut.

*Sie schüttelt sie. Eine wahre Staubwolke breitet sich aus.*

POLYBIOS *hustet*  Sehr wohl, Madame.

*Deianeira bürstet weiter, hält dann inne.*

DEIANEIRA  Wieviel bietet Augias?

POLYBIOS  Das auszurechnen ist kompliziert. Die Elier sind ein
    Bauernvolk. Fleißig, einfach, ohne Kultur. Sie vermögen
    nur bis drei zu zählen. Sie haben eine Pergamentrolle mit
    lauter Dreis beschrieben, die ich noch zusammenzähle.
    Doch sind es bis jetzt über dreihunderttausend Drachmen.

DEIANEIRA  Wären wir damit saniert?

POLYBIOS  Im großen und ganzen.

DEIANEIRA  Ich will mit Herkules reden.

POLYBIOS  Ich danke Ihnen, Madame.

*Polybios humpelt erleichtert nach rechts.*

POLYBIOS  Das wäre geschafft.

*Polybios ab.*

DEIANEIRA  Herkules!

*Sie bürstet weiter.*

DEIANEIRA  Herkules!

*Im Hintergrund erhebt sich Herkules, offensichtlich verkatert.*

HERKULES *zögernd* Hallo.

DEIANEIRA *freundlich* Hallo.

HERKULES *mutiger* Spät?

DEIANEIRA Es geht gegen Abend.

HERKULES *etwas erschrocken* Gegen –
*Er faßt sich wieder.*

HERKULES Eben wach geworden.

DEIANEIRA Setz dich.

HERKULES Lieber nicht. Sonst schlafe ich wieder ein. Du bürstest?

DEIANEIRA Ich bürste. Deine Löwenhaut sieht wieder einmal unbeschreiblich aus.

HERKULES Ein unmögliches Kostüm. Und viel zu delikat für meinen Beruf.

DEIANEIRA Unmöglich, mein Geliebter, ist vor allem dein Lebenswandel, seit du den Brief des Augias empfangen hast. Du mißhandelst deinen Sekretär, säufst in den Kaschemmen Thebens herum, vergewaltigst die Hetäre Euarete im öffentlichen Stadtpark und wankst erst heute morgen betrunken nach Hause. Mit zwei Mädchen.

*Schweigen. Bürsten.*

HERKULES *verwundert* Mit zwei Mädchen?

DEIANEIRA Halbverhungerte Dinger aus Makedonien. Ich ließ sie mit dem nächsten Schiff nach Hause spedieren.

*Schweigen. Bürsten.*

HERKULES Ich habe gräßliche Kopfschmerzen.

DEIANEIRA Kann ich mir denken.

HERKULES Ich erinnere mich an nichts mehr.

DEIANEIRA Die Polizei war hier.

HERKULES Die Polizei?

DEIANEIRA Polizeileutnant Diomedes.

HERKULES Warum hat man mich nicht geweckt?

DEIANEIRA Man versuchte es. Darauf mußte ich den Polizeileutnant persönlich empfangen. Als ich noch im Bade lag.

*Schweigen. Bürsten.*

HERKULES Du willst doch nicht behaupten –

DEIANEIRA  Doch.

HERKULES  Du hast diesen Diomedes im Bade –

DEIANEIRA  Mein Badezimmer, mein Lieber, ist noch lange kein öffentlicher Stadtpark.

HERKULES  Dieser Diomedes ist der berüchtigtste Frauenjäger Griechenlands.

DEIANEIRA  Außer dir.

*Schweigen. Bürsten.*

HERKULES  Was wollte der Kerl?

DEIANEIRA  Mich informieren.

HERKULES *grimmig* Über die Hetäre Euarete. Kann ich mir vorstellen. Das muß ihm das Luder persönlich erzählt haben, kein Mensch war im Stadtpark Zeuge – wenn die Geschichte überhaupt stimmt.

DEIANEIRA  Sie stimmt. Eine Gruppe von Stadtvätern wandelte vorbei. Aber deswegen ist Diomedes nicht gekommen. Du demolierst Banken.

HERKULES  Banken?

DEIANEIRA  Der Thebanischen Nationalbank legtest du die Säulenreihe vor dem Eingang um, der Dorischen Bank hängtest du die erzenen Türflügel aus, und dem Bankhaus Eurystheus decktest du das Dach ab. Was hast du nur auf einmal gegen Banken?

HERKULES  Nichts! Aber ich habe es satt, immer nur Nützliches zu tun und für die Menschheit zu sorgen! Das ewige Roden, Sümpfe austrocknen und Ungeheuer erlegen hängt mir zum Halse heraus, und diese vollgestopften zufriedenen Bürger, die von meiner Nützlichkeit profitieren, kann ich nicht mehr sehen! Ich muß einfach hin und wieder rasen! Und im übrigen habe ich Schulden! Ich gehe wieder schlafen.

*Deianeira bürstet.*

HERKULES  Dieser verfluchte Staub.

DEIANEIRA  Ich habe ein ernstes Wort mit dir zu reden.

HERKULES  Ein ernstes Wort? Aber schon den ganzen Morgen –

DEIANEIRA  Es ist spätnachmittags.

HERKULES Aber schon den ganzen Spätnachmittag redest du ein ernstes Wort mit mir.

*Deianeira deutet aufs Kanapee.*

HERKULES Bitte.

*Er setzt sich rechts aufs Kanapee neben Deianeira.*

DEIANEIRA Herkules. Seit einem Jahr arbeitest du nicht mehr.

HERKULES Der verdammte Erymanthische Eber.

DEIANEIRA Als Nationalheld kannst du dir keine Erfolglosigkeit leisten.

HERKULES Kein Mensch glaubt mir die Geschichte mit der Gletscherspalte.

DEIANEIRA Alpinistische Geschichten sind immer unglaubwürdig. Deshalb müssen wir das Angebot des Augias annehmen.

*Schweigen.*

DEIANEIRA Es bleibt uns nichts anderes übrig.

*Schweigen.*

HERKULES Deianeira! Ich habe meinen Sekretär Polybios die Treppe hinunter und zur Türe hinaus in den Hof geschmettert, wie er nur die leiseste Andeutung über dieses Thema machte.

DEIANEIRA Nun, willst du mich auch irgendwohin schmettern?

HERKULES Du kannst doch unmöglich von mir verlangen, daß ich misten gehe!

DEIANEIRA Wir haben Schulden!

HERKULES Ich habe die schrecklichsten Ungeheuer erlegt, die Giganten besiegt, die Riesen Geryones und Antaios, das Himmelsgewölbe habe ich getragen, das Riesengewicht seiner Sterne. Und nun soll ich das Land eines Mannes ausmisten, der nur bis drei zählen kann und nicht einmal König ist, sondern nur Präsident? Niemals!

DEIANEIRA Das Haus wird gepfändet.

HERKULES Ganz Griechenland würde in ein Höllengelächter ausbrechen.

DEIANEIRA Wir stehen vor dem Konkurs.

HERKULES  Ich weigere mich.

DEIANEIRA  Das kannst du dir nicht leisten. Nicht das ist wichtig, was einer tut, sondern *wie* er es tut. Du bist ein Held, und so wirst du auch als ein Held ausmisten. Was du tust, wird nie lächerlich sein, weil du es tust.

*Schweigen. Bürsten.*

HERKULES  Deianeira.

DEIANEIRA  Herkules?

HERKULES  Ich kann nicht. Ich kann nicht. Ich kann nicht.

*Schweigen. Sie legt die Bürste weg, erhebt sich.*

DEIANEIRA  Dann nehme ich eine Woche Urlaub.

HERKULES  Urlaub? *Er blickt sie unsicher an.* Wozu?

DEIANEIRA  Um den Bankier Eurystheus zu besuchen und den Waffenhändler Thykidides, die beiden reichsten Männer Griechenlands, und alle Könige, einen nach dem andern.

*Schweigen.*

HERKULES  Was willst du bei diesen Gnomen?

DEIANEIRA  Du sollst von nun an der reichste Grieche sein. Ich bin nicht umsonst die berühmteste Hetäre dieses Landes gewesen, bevor ich deine Geliebte wurde.

HERKULES *erhebt sich*  Ich bringe sie alle um.

DEIANEIRA  Das bringt dir nichts ein.

HERKULES  Das ist doch Wahnsinn.

DEIANEIRA  Wir haben Geld nötig.

HERKULES  Du bleibst.

DEIANEIRA  Ich gehe.

*Sie mustern sich.*

HERKULES  Ich gehe. Nach Elis. Ausmisten. Lieber Stallknecht als Zuhälter. *Er geht nach hinten.* Ich muß wieder ins Bett.

*Deianeira legt ruhig die gereinigte Löwenhaut zusammen.*

DEIANEIRA  Polybios!

*Von rechts humpelt Polybios auf das Podium.*

POLYBIOS  Madame?

DEIANEIRA  Laß packen. Vergiß vor allem meine Badewanne nicht. Wir gehen morgen nach Elis. Mit dem Kursschiff nach Ithaka.

*Sie geht mit der Löwenhaut nach hinten.*

POLYBIOS Das wäre geschafft. Meine Damen und Herren, nach der Pause kann die Geschichte ›Herkules und der Stall des Augias‹ endlich beginnen. Wirklich beginnen.

*Vorhang.*

*1963*


HEINER MÜLLER

## Herakles 5

*Personen*

HERAKLES
ZWEI THEBANER
AUGIAS
ZEUS


1

*Schlafender Herakles, zwischen Rinderskeletten, eines in der Hand, schnarcht. Rufe: Herakles. Zwei Thebaner treten auf. Sie halten sich die Nasen zu.*


ERSTER Er hat sich überfressen. Wieder.
ZWEITER                                        Leise!
ERSTER *leiser mit mehr Wut:*
    Nach jeder Arbeit einen Ochsen mehr!
ZWEITER Willst du die Arbeit machen?
ERSTER                                        Du vielleicht?
ZWEITER Das Preislied.
ERSTER *erschrocken:*        Alle Strophen?
ZWEITER *empört:*                        Ohne Nase?
BEIDE Der die nemeische Hydra –

*Gemeinsames Kopfschütteln.*
Der den nemeischen Löwen –
*Gemeinsames Kopfnicken.* geköpft –
*Gemeinsames Kopfschütteln.*
Der den nemeischen Löwen erwürgt und die Hydra
geköpft hat
Der die Hirschkuh fing und den Äcker verwüstenden Keiler
*Herakles gähnt.*
Herakles, Sohn der Alkmene, gezeugt im Bett des
Amphitryon
*Grinsen.*
Nicht von Amphitryon –
*Donner. Die Thebaner spucken einer dem andern ins Gesicht.*
Schwein, beschimpfst du die Götter!
*Lauter:* Herakles, Sohn des Amphitryon, leih uns
Täter der vier großen Taten, deinen Arm für die fünfte
Und geruhe zu waschen den Stall des Augias, Befreier
Uns zu befrein vom Gestank aus dem leider nötigen
Fleischtopf.
*Herakles hält sich die Nase zu.*
ERSTER  Die Zahl der Ochsen nach der Zahl der Arbeit.
ZWEITER  Es ist die fünfte Arbeit.
ERSTER                          Macht fünf Ochsen.
HERAKLES  Befreit euch selber.
*Schnarcht.*
BEIDE                          Du bist Herakles.
HERAKLES *steht auf, eitel:*
Ich werde Theben vom Gestank befrein.
Mein Vorschuß.
*Brüllen eines Ochsen, der geschlachtet wird.*
THEBANER                    Was da brüllt, ist dein Vorschuß.
*Der Ochse wird gebracht.*
HERAKLES *setzt sich:*                                    Ihr
Könnt gehn.
THEBANER                    Beeil dich mit der Arbeit, Theben
Braucht unsern Arm.

*Prospekt: Theben in Verfall, Bevölkerung in Lumpen.*
HERAKLES                Und mich. Geht mir vom Tisch.
*Thebaner ab, Herakles ißt den Ochsen.*


2

*Augiasstall, rechts und links ein Fluß. Auftritt Herakles. Er hält
sich die Nase zu.*


HERAKLES  Augias!
*Auftritt Augias.*
AUGIAS  Herakles. Was willst du?
HERAKLES  Deinen Stall waschen.
AUGIAS  Mit einer Hand?
> *Herakles nimmt die Hand von der Nase, fällt um, Augias
> lacht, Herakles hält sich die Nase wieder zu, steht auf.*
> Mein Fleisch ist gut für eure Bäuche, eure Nasen sind für
> seinen Mist zu fein.Und wenn aus meinem Stall die Pest
> stinkt: seid ihr unsterblich ohne Pest? Das Ende wohnt im
> Anfang, die Toten in den Leisten. Was hast du gegen Mist?
> Wie lange stinkt er? Mach die Nase auf. Drei Tage und
> du kannst nicht atmen ohne den Gestank, der dir die
> Nase sprengt am ersten Tag. Der Mist steigt, der Gestank
> nimmt zu. Nicht für dich: du bewohnst ihn. Deine fünfte
> Arbeit?
> *Herakles zählt an den Fingern, nickt.*
> Hast du Sysiphus gekannt? Hörst du meine Kühe scheißen?
> *Musik.*
> Und kein Ende. Nummer sechs fällt aus. Der Kot ist die
> andre Bedingung des Fleisches. Und seine letzte Gestalt.
> Kein Ausweg aus der scheißenden Gemeinschaft als in die
> Demokratie der Toten. Zwei Flüsse. Such dir einen aus. Ein
> Fluß schluckt alles, Fleisch oder Mist kein Unterschied und
> ab ins Meer. Ein Kübel, eine Schaufel. *Aus dem Schnür-*
> *boden ein Kübel, eine Schaufel.* Du kannst zwei Schaufeln
> haben. Mehr als eine kannst du nicht bedienen mit zwei
> Händen in einer Zeit. Zwei Schaufeln sind nicht mehr als

eine, zweitausend sind es nicht, bei so viel Mist. Und meine Kühe scheißen schnell, du hörst es.

*Musik.*

Fertig wirst du so nicht und nicht so: du kannst mit dem Stiel baggern. Und mach dir keine Hoffnung, daß das Holz ausschlägt und sich belaubt per Salto rückwärts in den Baum gegen die Wurzel, Mist wird Gras auf dem Rückweg durch das Fleisch, undsoweiter, weil dein Vater einen Himmel über uns wohnt. Oder nimm die Hände, wenn du willst: zehn Zinken. Wie hast du den Meerwolf geschlachtet bei Kreta? Ein Sprung vom Felsen durch sein Maul in seinen Bauch und zurück durch sein Fleisch mit dem Messer. Hier ragt dein Felsen, blinkt dein Messer, stinkt dein Fisch.

*Augias ab. Herakles schaufelt und schleppt Mist, zuerst mit einer Hand, die andre an der Nase, dann mit beiden Händen.*

HERAKLES  Beneideter Sysiphus, geruchlos rollt sein Stein.

Glückliches Wasser, es hat keine Nase. Vater, Schöpfer allen Fleisches, warum scheißt dein Fleisch?

*Wirft Kübel und Schaufel weg, greift zum Bogen.*

Gestank, wo bist du? Komm aus deiner Ungestalt, zeig deine Fratze. Ist das Nichts deine Wohnung? Ich will es mit Pfeilen spicken. Und wenn du überall bist, ich treffe dich überall.

*Schießt wild nach allen Seiten, wirft den Bogen weg und greift zur Keule.*

Wir sind Feinde, Mist. Geh freiwillig in den Fluß deiner Wahl. Der Fluß oder die Keule.

*Wartet die Wirkung ab. Keine Wirkung.*

Du hast gewählt.

*Haut die Keule in den Mist, heult auf, von Mist geblendet.*

*Lachen von Augias.*

Ich lache nach dir.

*Zum Vieh:*        Kommt aus eurem Stall
Und wascht mir euren Kot aus dem Gesicht.
Ihr habt das Gras gefressen. Freßt, was ihr
Aus Gras gemacht habt auch. Die Erde trägt euch

Zum Dank bescheißt ihr sie. Freßt oder ich
Bin euer Stall, mein Magen euer Grab.
*Protest aus Theben.*
Du hast Glück, Fleisch. Theben will kein Gras fressen.
*Er nimmt die Schaufel wieder auf.*
Und ich keinen Mist!
*Er wirft die Schaufel wieder weg.*
Hört mich, Thebaner! Seht meine Schwäche und entlaßt
mich aus eurer Arbeit, die für mich zu groß war. Seht meine
Arme, dieses Werkzeug aufzuheben nicht stark genug.
*Er zeigt, daß er die Schaufel nicht aufheben kann.*
Seht meine Beine, die mich selbst kaum tragen.
*Er fällt um. Applaus und Gelächter aus Theben. Stimmen:*
*Bravo. Tolle Nummer. Hoch Herakles. Da capo.*
Wer ist Herakles? Ich Leib ohne Namen, ich Misthaufen
ohne Gesicht?
*Applaus stärker. Stimmen: Seht seine Maske! Das ist Stil!*
*Herakles versteckt sich, auf Händen und Knien, unter dem*
*Löwenfell, brüllt.*
Ich habe ihn aufgefressen, euren Herakles. Er hat sich ver-
laufen im Labyrinth meiner Därme. Aus dem Zaun meiner
Zähne kam sein letztes Wort. Ich bin der nemeische Löwe.
In meinem Bauch ist Platz für drei Theben.
*Applaus stärker, Stimmen: Er spielt den Löwen nicht, er ist*
*der Löwe. Ich lach mich tot. Mein Mann hat sich totgelacht.*
*Das ist Schauspielkunst. Feine Kunst: ich habe vier Kinder.*
*Aufhören. Weitermachen. Mörder. Schluß. Da capo. Aufhö-*
*ren. Weitermachen. Schluß. Da capo.*
Jaaaaaaaaaaaaaaaaaaaaaaaaaaaaaaaaaaaaaaaaaaaaaaaaaa!
Der Misthaufen bin ich, die Stimme aus dem Kot ist meine
Stimme, unter der Maske aus Kot mein Gesicht. Das hat
seine fünfte Tat gemacht aus Herakles, dem Täter eurer
Taten. Hätt ich die erste nicht getan! Ich stände nicht in
dieser fünften, stinkend, mein Ruhm mein Gefängnis, von
jeder Tat verstrickt in eine nächste, von jeder Freiheit in ein
neues Joch geschirrt, ein Sieger, besiegt von seinen Siegen,

Herakles in Herakles gezwängt. Willig habt ihr die Hydra
mit Weibern gefüttert, taub für ihre letzten Schreie in Erwartung eures eignen letzten, als der Löwe die Männer fraß.
Ich habe den Löwen erwürgt, ich kam zurück, mehr Wunde
als Fleisch, in seiner blutigen Haut, und ihr wolltet die
Weiber behalten. Ich habe die Hydra geköpft neun Tage
lang, mit Feuer versiegelt die Hälse, den Hunden der Rest,
ich kam zurück auf Händen und Knien, atemlos, in euer
aufatmendes Theben, und die kleinen Übel waren riesig.
Sie sind nicht mehr, jetzt wollt ihr das Fleisch ohne Mist. Ich
habe euren Tod vermindert um vier Gestalten, jetzt wollt ihr
das Leben ohne seine letzte, den Mord am Neuen morgen:
Unsterblichkeit. Ich nehme meine Taten zurück. Zeit, steh
still. Roll rückwärts, Zeit. Geh zurück in dein Fell, ne-
meischer Löwe. Hydra, pflanz deine Köpfe wieder auf.
Undsoweiter.

*Applaus aus Theben. Stimmen: Hört wie er denkt. Das ist
Dialektik. Herakles der Denker. Herakles wirft Mist ins
Publikum. Applaus frenetisch. Stimmen: Seht wie er arbei-
tet. Herakles der Arbeiter: Geht in die Häuser, stört seine
Arbeit nicht.*

Paßt auf, Thebaner, was ich mache jetzt
Mit Herakles, dem Täter eurer Taten:
Ich werf ihn in den Mist, der Mist sein Grab
Das wachsend euch begräbt und euer Theben.

*Herakles stellt sich zum Sprung in den Mist auf. Erbrechen.*

Was geht mich Theben an, wer seid ihr? Ich
Bin Niemand, Niemands Sohn, der nichts getan hat.

*Zeus auf einer Wolke. Er hält sich die Nase zu.*

Zeus  Tu deine Arbeit, Herakles, mein Sohn.

Herakles  Warum ich, Vater?

Zeus                    Tus für diesen Lohn.

*Er winkt. Auf einer andern Wolke fährt Hebe vorbei. Sie ist
nackt und hält sich ebenfalls die Nase zu.*

Herakles  Bleib! Was für Brüste! Welch ein Schenkelpaar!
Gib auf, Mist, Herakles ist, was er war.

Hab ich gesagt, du stinkst, Last, die mich trägt?
Sieh meine Faust, die den Verleumder schlägt.
*Haut sich auf die Nase.*
Schönheit der Arbeit, Wohlgeruch des Drecks
Im Vorgefühl des allerhöchsten Zwecks!
*Auftritt ein eifersüchtiger Stier.*
Willkommen in der Brunst. Was willst du? Nicht
Vor deinen Kühen steht mein drittes Bein auf.
Mein Himmel grast auf einer andern Weide.
Hast du ein Horn zu viel?
*Der Stier greift an.*            Auch gut.
*Stierkampf. Herakles bleibt Sieger und spannt den Stier vor
den Kübel.*                                        Zieh!
*Der Stier tut es und fällt in den Fluß.*              Halt!
*Herakles zieht den Stier am Kübel aus dem Fluß.*
Verdien dir deinen Tod, mach deine Arbeit.
Zieh, Herakles!
*Der Stier bleibt stehn.*
                        Fünf Büschel Gras dein Lohn.
*Der Stier zieht.*
Und eine Kuh dein Himmel.
*Der Stier zieht schneller.*      Das belebt ihn. –
Füll mir den Kübel auch und leer ihn selber.
Die ganze Arbeit für den ganzen Lohn.
*Der Stier versucht sich als Mistbagger, der Mist fällt auf
Herakles statt in den Kübel.*
O unvollkommner Spiegel! Halbes Werkzeug!
Willst du kein ganzes sein, hör auf zu sein.
*Herakles wirft den Stier in den Fluß. Mit dem Stier fällt der
Kübel.*
AUGIAS  Mein Stier! Der geht vom Lohn ab.
HERAKLES                              Fluß, mein Stier!
Behalt den Stier und spuck den Kübel aus. Willst du den
Stall waschen? Das Meer kannst du abschreiben. Deine Ufer
werden dich auffressen. Meine Kühe werden dich zuschei-
ßen. Mit den Ärschen meiner Kühe werden deine Ufer dich

auffressen. Mit den Mäulern deiner Ufer werden meine
Kühe dich zuscheißen.

AUGIAS  Sagtest du meine Kühe?

HERAKLES                        Und dein Mist.

*Wirft die Schaufel weg. Protest aus Theben.*

Ich scheiß auf Theben.

*Hörthört und Pfuipfui aus Theben. Auf ihrer Wolke fährt*
*Hebe vorbei. Herakles nimmt die Schaufel wieder auf.*

                        Für Theben. Fluß, den Kübel!

Augias. Einen Kübel.

AUGIAS                  Meinen Stier.

HERAKLES  Mein Vater auf der Wolke, tritt hervor.

Gib deinem Fluß für deinen Sohn ein Ohr.

*Schweigen.*

Wer gilt dir mehr, dein Sohn oder dein Fluß?

Hör was ich will und sag ihm was er muß.

*Schweigen.*

Dein Schweigen, Vater, schmeckt nach meinem Schweiß.

*Zeus auf der Wolke, ein nacktes Weib im Arm usw.*

ZEUS  Tu deine Arbeit. Ohne Fleiß kein Preis.

*Vorbei.*

HERAKLES  Sagtest du Arbeit? Sauf die Schaufel auch.

*Wirft die Schaufel in den Fluß.*

Sei was du mir geraubt hast, Fluß mein Kübel

Fluß meine Schaufel, Fluß mein Stier. Du auch

Fluß links. Zwei Flüsse waschen mehr als ein Fluß.

Hast du kein Ohr für mich, hör meine Faust

Ich zähme dich und ändre deinen Gang

Und dich und deinen Gang, mit ihrer Sprache.

*Nach oben:*

Paß auf, was ich mit deinem Wasser tu.

Hast du mir nicht geholfen, jetzt sieh zu

Wie ich mir helf und was er kann, dein Fluß

Wenn er in meinem Joch geht, weil er muß.

*Kampf mit dem Fluß.*

Fluß, hast du keinen andern Leib als keinen?

156

Fluß, hast du kein Gewicht als mein Gewicht?
Wer bist du, Feind, mit unserm Kampfplatz eins
Der mit mir selbst bewaffnet mich bedrängt?
Kein Nacken, den ich nicht ins Joch zwang, doch
Dein Fluß hat keinen Nacken für mein Joch.
*Eine Kuh tritt an den Fluß, säuft und pißt.*
Dank für dein Beispiel. Lenkung eines Flusses.
*Trinkt.*
Ich deine Mündung.
*Pißt.*                Deine Quelle ich.
Tu meine Arbeit jetzt und wasch den Stall.
Verrennst du dich im Labyrinth der Därme?
Wo ist dein Gang, der reißend meine Kraft
Aufhob mit seiner Kraft von tausend Stieren
Und jetzt verlädst du mich mit deiner Schwäche
Die keinen Staub von seinem Platz bewegt
Taub für mein Wort und taub für meine Kraft
Ein Sand in der Maschine meines Leibs.
Was bleibt? Hand meine Schaufel, Hand mein Kübel
Und Herakles ist Herakles mein Stier.
*Handarbeit.*
Lieber die Welt bewegt als ihren Kot!
*Dammbau.*
Sieh deinen Berg mit meinen Beinen gehn.
Sieh deinen Fluß vor deinem Berg aufstehn.
*Donner.*
Hab ich dich zu fragen vergessen? Gestatte daß ich deine
                                Welt ändre, Papa.

Augias, nimm dein Vieh aus deinem Stall
Ich komme, Herakles, zwei Flüsse stark
Herr über die Gewässer und dein Stallknecht
Der Fluß ist meine Hand und meine Kraft
Der unterworfene mit meiner Hand
Der unterworfene mit meiner Schwäche.
AUGIAS Mein Stall! mein Vieh!
GESCHREI AUS THEBEN             Den Fischen unser Fleisch!

HERAKLES *macht den Damm auf.*
    Aus meinem Weg, Viehhalter. Das bin ich
    Der deinen Stall wäscht, Herakles der Fluß
    Gelenkt von Herakles dem Flüsselenker.
    *Donner.*
    Ich weiß, daß du donnern kannst. Und ich kann deine
    Flüsse lenken, sieh her, zügellos wohin ich will.
    *Winter. Der Fluß bleibt stehn, gefroren.*
    He, was soll das!
AUGIAS  Herakles der Flüsselenker.
HERAKLES *nach oben:* Du hast angefangen.
    *Reißt die Sonne aus dem Himmel, hält sie in der Hand, bis*
    *das Eis schmilzt. Hand und Stall brennen.*
    Wo ist dein Winter, Zeus?
AUGIAS                              Mein Stall brennt.
HERAKLES *betrachtet seine Hand, sie ist schwarz.* Brennt er?
    Nicht lange. Platz, Augias.
    *Der Fluß wäscht den Stall.*
AUGIAS                              Sieben Ochsen!
    *Jubel aus Theben. Rufe: Hoch Herakles. Bravo. Da capo.*
    *Herakles pfeift Berg und Flüsse wieder an ihren Platz.*
HERAKLES  Die Arbeit ist getan. Und jetzt: mein Lohn.
    *Donner und Blitz.*
AUGIAS  Für deinen Lohn laß meine Kühe sorgen.
    Auf Wiedersehn in deinem Mist von morgen.
HERAKLES  Sagtest du meine Kühe?
AUGIAS                              Und dein Mist.
HERAKLES  Für deinen Mist sorgt ohne Lohn mein Fluß.
    Mein ist dein Stall und Vieh. Spiel deinen Schluß.
    *Zerreißt Augias und wirft die Hälften in die Flüsse, holt den*
    *Himmel herunter, greift nach Hebe. Vor der Hochzeit treten*
    *zwei Thebaner auf.*
THEBANER
    Der den nemeischen Löwen erwürgt und die Hydra
                                            geköpft hat
    Der die Hirschkuh fing und den Äcker verwüstenden Keiler

Der den Stall des Augias gewaschen, den stinkenden
                                        Fleischtopf
Herakles, Sohn der Alkmene, gezeugt im Bett des
                                        Amphitryon
*Grinsen.*
          Nicht von Amphitryon –
*Ducken sich. Schweigen.*
                    Nicht von Amphitryon –
*Brüllen.*
                              Nicht von Amphitryon
Täter der fünf großen Taten, leih uns deinen Arm für die
                                        sechste.
*Herakles rollt den Himmel ein und steckt ihn in die Tasche.*

*1966*


KURT BARTSCH

## Herakles 13

*Nach Heiner Müller*

*Prolog*

    Damen und Herrn. Wir zeigen heute die schlichte
    Herz und Verstand rührende Geschichte
    Des Kipperfahrers Paul Schmidt. Indes
    Wir nennen den Mann einfach Herakles.
    Weil gut fährt, wer die Gegenwart meidet
    Sind auch die übrigen Mitspieler antik verkleidet.
    Auf die Art, das ist äußerst bequem
    Sind die Probleme in einem Stück kein Problem.
    Und nun, meine Damen, recken Sie bitte den Hals
    Und die Herren, selbstredend, ebenfalls.

*Musik. Erster und Zweiter halten Ausschau nach Herakles.*
*Sie tragen Clownsmasken.*

ERSTER

 Er kommt.

ZWEITER  Ich seh nur eine Wolke.

ERSTER          Das

 Ist Staub, das ist er. Was ist das?

ZWEITER         Ich glaub

 Er ist an einen Baum gefahren.

ERSTER         Wieder.

ZWEITER

 Er hinkt.

ERSTER  Er blutet.

ZWEITER    Er ist blind und taub.

ERSTER

 So macht der neue Mensch sich aus dem Staub.


*Musik. Auftritt Herakles.*


ERSTER

 Das Preislied.

ZWEITER   Preislied. Alle Strophen?

ERSTER        Ja.

BEIDE

 Herakles du und Prometheus in einem
 Mit Händen, so groß wie Abortdeckel
 Und mit dem Kopf von einem Salomo
 Der du den Löwen erbaut –
 *Gemeinsames Kopfschütteln.*
 Der du den Löwen erwürgt
 *Gemeinsames Kopfnicken.*
       Und das Kraftwerk
 Erbaut hast, Täter der zwölf großen Taten
 Nackt stehen, im Prämienregen, wir vor dir
 *Schnell:*
 Der Stall des Augias heißt Schwarze Pumpe
 Die Köpfe der Hydra, die nachwachsenden
 Sind aus Papier und heißen Verwaltung

*Grinsen. Wie vorher:*
Stehn auf dem Dach des Planeten und sehn
Es fliegen gebratene Schweine, mit Zehen
Aus Knoblauch, die Augen Granatäpfel
Und Milch fließt und Honig, und Bier, Freunde, Bier!
Und Frauen, ein Haufen, für jeden eine
Mit einem Hintern, den Gott wachsen ließ.

ZWEITER

Hoch, Paule Herakles!

ERSTER *(zum Publikum)*

Er ist ein Held. Herr über mehr Schweiß
Als ein Mensch Wasser aufbieten kann.

ZWEITER

Er war groß im Messerstechen.

ERSTER

So wurde er Brigadier.

ZWEITER

Ein Riese an Arbeitskraft.

ERSTER

Ein Prometheus, der sich das Zündholz an der
Hutkrempe der Götter anreißt.

ZWEITER

Jeder, wie er kann.

ERSTER

Das kann nicht jeder.

ZWEITER

Er hat Berge versetzt zum Nutzen der Ebenen und
Deren Bewohner.

ERSTER

Er hat die Erde gehalten.

ZWEITER

Er hat den Himmel gestützt mit Hilfe zweier Säulen;
Er hat Hellas bewässert und ganz Mecklenburg mit
Oliven bepflanzt.

HERAKLES

Genug, Dummköpfe. Ich weiß, ihr lobt mich

Weil Lob das Aug trübt dessen, der gelobt wird
Für eine Arbeit, die kein Lob verdient
Von euch, die nichts tun als das Lob austeilen.
Ihr wärt nicht, was ihr seid, wenn ich nicht wäre
Der Täter eurer Taten. Meine Arbeit
Ist eure Arbeit: von euch ungetan.
Euch nährt mein Schweiß, mich euer Speichel: das
Nenne ich auf meine Kosten leben.
Ihr sitzt in meinem Fell, ich bin der Löwe
Der jetzt sein Fell abreißt.
*Er tut es.*

       Wißt, diese Tat
 Ist meine dreizehnte.
ERSTER       Er ist noch stolz!
ZWEITER
 Und was bezweckt er?
ERSTER       Daß w i r schwitzen.
HERAKLES          Ja.
 Mein Schweiß sei nicht mehr Schweiß auf eure Mühle.
 Dies Land braucht keinen Helden, sondern viele.
 *Er geht. Vorher reißt er noch die Sonne aus dem Himmel*
 *und zündet sich damit eine Zigarette an.*

*1975*


VOLKER BRAUN

## Karl Marx

1
Was hat er uns abgenommen
An Mühe, der schwammige Herkules
Diese zwölf mal zwölf
Übermenschlichen Arbeiten: die Wühlerei
In der *ökonomischen Scheiße*

Das Tappen im Dunkeln der Systeme
Mit *beständigem Zeitungsschmieren*
Und der Abstieg in den Hades
Of Soho Square, *mit dem kleinsten*
*Dreck gequält,* und vom Kopf auf die Füße
Das Denken gestellt, und diese Nächte
Für ein *Ereignis von Konsequenzen!*

2

Was hat er uns abgenommen
An Härte, der staatenlose
Diktator seiner Redaktionen und Töchter
Diese *wahre Ironiewut* auf die biederen
*Geistigen Stinktiere* hier in Preußen
Die kurzlebigen Freundlichkeiten
Den lebenslangen Hochverrat
Und das *Drücken auf den Beutel* von Frederic
*Höchst ekelhaft,* und die Grausamkeit
Gegen seinen schwindsüchtigen Leib
Um *die Sache an der Wurzel zu fassen*
Die der Mensch ist!

3

Aber was hat er uns überlassen!
Welchen Mangel an Illusionen.
Welchen weltweiten Verlust
An sicheren Werten. Welche verbreitete
Unfähigkeit, *sich zu unterwerfen!*
Und wie ausgeschlossen, unter uns
Nicht *an allem zu zweifeln.* Seither
All unsre Erfolge: *nur Abschlagszahlungen*
Der Geschichte. Dahin die Zeit
Sich nicht *hinzugeben an die Sache*
Und wie unmöglich, nicht ans Ende zu gehn:
Und es nicht für den Anfang zu halten!

*1969–1973*

GÜNTER KUNERT

## Große Taten werden vollbracht
von den kleinen Leuten.


Nicht jenen bezeichnet als Helden, der
In seinem warmen Büro, einen Stab von Gehilfen
Um sich,
Unterstützt von Rechengeräten und Apparaten
Allerlei Art, einzig tut, was
Man ihn einst mit Mühe gelehrt.


Und nennt so
Nicht jenen, der Befehle erteilt, ohne
Der Menschen zu achten, allein
Um der Sache willen, die aber will
Achtung vor Menschen,
Weil nur durch diese
Sie ist.


In den eisigen Stürmen
Und auf Maschinen, die der Frost fast
Zum Stillstehen bringt – daß die
Dringend erwartete Kohle im Boden bliebe –,
Erweist sich: Der Ungenannte
Hat einen Namen. Der bisher
Als Zahl bloß erschien, auf den zählt.


Er, dessen Gesicht
Im Vorbeigehen schon vergessen,
Zeigt das Antlitz des Herakles
Für eine kurze Weile: Für die nämlich
Der großen Tat.


*1965*

PETER HACKS

## Duett des Herakles

Alles wollte ich vollbringen.
Wenig habe ich vollbracht.
Fuhr zum Licht mit Adlers Schwingen.
Sank hinab in Hades' Nacht.
Sehnsuchtsvoll in Sternenmatten,
Sehnsuchtsvoll im Pflichtentrott,
Such ich Herakles, den Schatten,
Such ich Herakles, den Gott.

An dem Gifte meiner Siege
Starb ich, meinen Zwecken fremd,
Ach, sie legens in der Wiege
Uns schon an, das Nessoshemd.
Lang bevor ich auf den Latten
Meines Scheiterhaufens sott:
Herakles, ein armer Schatten,
Herakles, ein armer Gott.

Wer bewegt des Weltalls Angel,
Wer bewirkt, daß es nicht bleibt,
Als die Unrast, die den Mangel
Zum ergänzenden Mangel treibt.
Jener Nu, da wir uns hatten,
Macht der Trennung Qual zum Spott.
Geh denn, Herakles, mein Schatten.
Geh denn, Herakles, mein Gott.

*1967–1978*

JÜRGEN K. HULTENREICH

## Erste Tat des Herkules

Herkules trifft auf der Landstraße nach Delphi einen Hund. Rasse tut nichts zur Sache, man denke ihn sich groß. Der Hund bellt ihn wütend an. Herkules bellt energisch zurück. Beide bellen lange. Schließlich verschwindet der Hund. Er muß pinkeln, außerdem hat er eine Verabredung. Herkules schreit drohend hinterher: »Hau ab, elender Köter! Laß Dich nie wieder blicken!« Der Hund rennt schneller. Hoffentlich kommt er nicht zu spät. Zum Andenken an diese Tat kauft sich Herkules eine modische Lederjacke. Doch wer trägt die nicht.

*1986*

M. SCHADEK

## Herkules a. D.

Als die zwölf berühmten Thaten
Herkules verrichtet hatte,
Nahm als »Held« er seinen Abschied,
Lebte fortan als »Private«.

Freunde kamen und Bekannte,
Seinen kühnen Muth zu reizen:
»Herkules, laß' Dich nicht spotten,
Rüste Dich für opus dreizehn.«

Dieser aber wehrt' dem Drängen:
»Schaut nur in Frau Klio's Bücher;
Was ich that historisch Echtes,
Füllt zwei Folianten sicher.

166

Kann ich bei so reichem Leben
Neues wieder leisten wollen?!
Nein! – Mich dauern die Studenten,
Die das auch noch lernen sollen!«

*ca. 1886/87*

# Nachwort
## oder
## »Herkules, Prince of Power«

>»Was ist für Sie das größte Unglück?‹
>Alfred Hrdlička: ›Kein Herkules zu sein‹«.
>(*FAZ*-Fragebogen, 4.12.1987)

Ulrich von Wilamowitz-Moellendorff bringt den Lebensweg des antiken Herkules prägnant auf den Punkt: »Mensch gewesen, Gott geworden, Mühen erduldet, Himmel erworben«[1].

Herkules, Sohn des Zeus und der Erdenbewohnerin Alkmene, ist einer der gewaltigsten Helden der antiken Sagenwelt. Halb Gott, halb Mensch, muß er seine Kräfte ständig beiden Geschlechtern unter Beweis stellen. Das gelingt ihm schon erstaunlich früh, als Säugling tötet er aus der Wiege heraus zwei Schlangen, die ihn ersticken sollten.

Seine Erzieher fördern seine Kräfte zielgerichtet; der junge Held wurde im Wagenlenken, Fechten, Faustkampf und Ringen unterrichtet. Während seiner musikalischen Ausbildung kam es zu einem Skandal. Als ihn sein Musiklehrer Linos, der ihm das Leierspiel beibrachte, tadelte, erschlug ihn der erzürnte Herkules. Amphitryon, sein gesetzlicher Vater, der um seine Eherechte von Zeus betrogen wurde, verbannte ihn zur Strafe auf den Kithairon zu seinen Rinderherden.

Doch Herkules bewältigt seinen Lebensweg trotz Verbannung recht erfolgreich. In Xenophons Werk »Erinnerungen an Sokrates« (5. Jh. v. Chr.) finden wir die Parabel »Herkules am Scheideweg«, sie wird dem Sophisten Prodikos zugeschrieben. Der Jüngling steht eines Tages an einer Weggabelung und soll sich für einen Lebensweg entscheiden: den Weg der Tugend oder den des Lasters. Am Scheideweg trifft er zwei Frauen: »die eine schön anzusehen und edel in ihrem Wesen [...], die andere dagegen wohlgenährt bis zur Fülle

---

[1] Wilamowitz-Moellendorff, Ulrich von: Euripides, Herkules. Berlin [2]1909, S. 28.

und Üppigkeit [...] und in einem Kleid, in dem ihre jugendlichen Reize besonders vorteilhaft in Erscheinung treten sollten« (II 1,22). Die reizvolle Dame verspricht ihm ein Leben voller Genuß, Laster und Glückseligkeit, die andere preist das tugendsame Leben an. Herkules entscheidet sich schließlich für den sittlichen Pfad, er nimmt diesen Entschluß ernst; umgehend befreit er die Thebaner von den erdrückenden Tributleistungen des Nachbarkönigs. Als Dank erhält er vom König Kreon seine Tochter Megara zur Gattin.

Doch Herkules wird von der rachsüchtigen Hera, der betrogenen Ehefrau des Zeus, immer noch verfolgt, sie sinnt auf Vergeltung. Sie schlägt den Helden mit Wahnsinn, während eines Anfalls tötet er seine drei Kinder und Megara, als der Wahn von ihm weicht, realisiert er seine furchtbare Tat und verfällt in tiefen Kummer. Schließlich fragt er das Orakel in Delphi um Rat. Pythia gibt ihm folgendes auf den Weg: »Entsühnung für deine schreckliche Mordtat erlangst du nur, wenn du dich zwölf Jahre in den Dienst des Eurystheus stellst und die von ihm geforderten Taten erfüllst.« Herkules befolgt den Rat und geht, bewaffnet mit Keule, Schwert, Pfeil und Bogen nach Argos zum König Eurystheus. In seinem Auftrag erledigt er erfolgreich die zwölf berühmten Arbeiten (Dodekathlos):

1. Er erwürgt den Nemeischen Löwen
2. Tötet die neunköpfige Lernäische Schlange
3. Fängt die kerynitische Hirschkuh ein
4. Fängt den erymanthischen Eber ein
5. Erschießt die stymphalischen Vögel
6. Mistet die Ställe des Königs Augias aus
7. Fängt den feuerschnaubenden kretischen Stier ein
8. Zähmt die menschenfressenden Rosse des Thrakerkönigs Diomedes
9. Besorgt den Gürtel der Amazonen-Königin Hippolyte
10. Erobert die Rinderherde des Geryoneus
11. Stiehlt die Goldenen Äpfel der Hesperiden
12. Entführt den Höllenhund Kerberos aus der Unterwelt

Herkules besteht noch viele andere Abenteuer in seinem spannenden Leben, doch dann endet es unerwartet; seine zweite Frau Deianeira schenkt ihm ein Gewand, das vergiftet ist, sie ahnt nicht, daß das vermeintliche Liebesgeschenk tödlich ist. Herkules zog es an und ließ sich, von furchtbaren Qualen gepeinigt, auf dem Berg Oeta auf einem Scheiterhaufen verbrennen, er wird aber in den Olymp gerettet. In Ovids »Metamorphosen« entführt ihn sein Vater Zeus in ferne Gefilde: »Jetzt auf dem Viergespann trug ihn der allmächtige Vater / mitten in hohlem Gewölk hinweg zu den strahlenden Sternen« (9, 271 f.). Mit seinem Tod war Hera versöhnt und Herkules wurde im Olymp mit ihrer Schwester Hebe vermählt.

Seit seinen literarischen Anfängen in Homers »Ilias« und »Odyssee« wird Herkules mit all seinen ambivalenten Charaktereigenschaften in der Kulturgeschichte dargestellt. Schon in der »Ilias« haben wir es mit einem widersprüchlichen Helden zu tun. Herkules dient einerseits den tapferen Kriegern als Vorbild: »Wohl von anderer Art, wie sie sagen, war der gewalt'ge / Herakles, mein Vater, der trotzende, löwenbeherzte, / Der hierher einst kam, Laomedons Rosse zu fordern, / Nur mit sechs gebogenen Schiffen und wenigem Volke, / Aber Troja zerstört, mit verwaisten Gassen zurückließ!« (5, 638–642). Andererseits thematisiert Homer auch, dass sich Herkules nur zu selbstverliebt über Normen hinwegsetzt, wenn er frevelhaft gegen die Götter kämpft: »Here ertrug es, als einst Amphitryons mächtiger Sprosse / Rechts in die Brust mit dem dreigezackten Pfeil sie getroffen« (5, 391–393).

Als reine Lichtgestalt wird Herkules dagegen in der sogenannten »Aspis« zu Beginn des 6. Jahrhunderts v. Chr. dargestellt, der Text wurde fälschlicherweise Hesiod zugeschrieben. Der unbekannte Verfasser, der sich formal und inhaltlich an die »Ilias« anlehnt, kappt die Schattenseiten Herkules'. Er kämpft nun im göttlichen Auftrag erfolgreich gegen das Böse. Damit taugt er als Identifikationsfigur, vor allem für den Adel.

Einen seiner literarischen Gipfelpunkte feiert Herkules in Pindars »Epinikien«, den Siegesliedern für Olympiasieger. Der Lyriker schrieb seine Siegeshymnen häufig als Auftragsarbeiten, der zahlende Sieger oder dessen Familie legten äußersten Wert auf den hymnischen Preis, wollte man sich doch mit dem Aufkommen der Demokratie in Athen mit den Preisgesängen gegen die neue, verpönte Staatsform abgrenzen, um den eigenen aristokratischen Stand zu wahren und zu dokumentieren. Es ist kein Wunder, daß Herkules als mythisches Beispiel für außerordentliche Leistungen herhalten mußte, konnten doch so die Leistungen des Siegers anhand des Herkules-Mythos gespiegelt und gesteigert werden, so etwa in der 1. Nemeischen Ode »Für Chromios aus Syrakus und seinen Sieg im Wagenrennen«. Pindar schmeichelt dem Sieger, wenn er ihn mit Herkules' Leistungen in Verbindung bringt: »Ich aber halte mich an Herakles, getrost mich ihm zuwendend, / wenn es um die Krönung großer Leistungen geht, und mache die alte Rede von seinem Ruhm lebendig« (33f.).[2]

Im 5. Jahrhundert v. Chr. verliert Herkules nach und nach an Macht und Repräsentationsfähigkeit, so in der attischen Tragödie; in den »Trachinierinnen« (um 440 v. Chr.) des Sophokles tritt der Held als selbstbezogener und rücksichtsloser Egoist auf, der die Rechte anderer Personen permanent mißachtet; sein skrupelloses Verhalten hinterläßt nur Opfer und Leid; damit taugt er nicht mehr so recht als adelige Identifikationsfigur, zumal seine heroische Größe in Unmenschlichkeit umschlägt.

Populär dagegen war beim Publikum der *Herkules comicus*. Der Held trat als gewaltiger Fresser und Sexheld auf die Bühne, auch in Aristophanes »Vögeln« (414 v. Chr.) hat Herkules vor allem Essen im Kopf. Diese karikierende

---

[2] Pindar: Für Chromios aus Syrakus und seinen Sieg im Wagenrennen [Nemeische Ode I]. In: ders.: Oden. Herausgegeben und übersetzt von Eugen Dönt. Stuttgart 2001, S. 181.

Darstellung, die den Zuschauern so manche Lachsalve entlockte, tat seinem Ruhm keinen Abbruch, ganz im Gegenteil.

Sein Nimbus bleibt trotz oder gerade wegen seiner ambivalenten Charaktereigenschaften, die sich bis in die Gegenwart hinein als resistent erwiesen haben, unsterblich. Zu Recht stellt Ernst Jünger fest, dass »jedes Volk [...] seinen Herkules [hat]. Mit der Zeit kommt er herunter – einst war er Siegfried, heute ist er Old Shatterhand. Aber es ist immer noch etwas dran.«[3]

Unter stoischem Einfluß opfert sich Herkules für die Tugend auf, er überwindet seine frevelhafte Seite, um Gutes zu tun. Hatte Vergil den Helden noch politisch instrumentalisiert, so macht ihn Seneca in seinem »Hercules Furens« zum Träger ethischer Reflexion. Herkules bewährt sich hier, obwohl er von der Gottheit fehlgeleitet wird und seine Familie umbringt, im Scheitern und in der Schande, weil er sich nicht tötet, sondern seine Schuld erträgt.

Das Mittelalter nahm diese stoischen Eigenschaften mit gewissen Modifikationen auf, Herkules mutiert zum Helfer, Befreier und Beschützer der Menschen, nun kämpft er nicht mehr gegen wilde Tiere, sondern gegen Tyrannen, die das Volk unterdrückten. Mit der Zeit nahm er Züge biblischer Figuren an, ganz oben in der Rangliste standen Samson, David und Christus. Dante Alighieri (1265–1321) befindet sich mit seiner Herkules-Kanzone »O alta prole del superno Giove« – im Einklang mit den mittelalterlichen Ansprüchen: »Streck aus Deinen Arm, gegen den es keine Hilfe gibt, / Und wende ihn zu der Welt in ihrer aus den Fugen gegangenen / Treue / O du wahrer Erbe Gottes, / Der Du im Ruhme lebst und für ewige Zeiten sein wirst, / Eile zur Hilfe der schlechten Regierung / Unserer Welt. Ohne jedes Erbarmen / [...] Und

[3] Jünger, Ernst: S. R. [Späte Rache]. Drei Schulwege. Hier: Der dritte Schulweg. In: ders.: Sämtliche Werke. Bd. 22. Stuttgart 2003, S. 769.

lasse es diese menschliche Herde fühlen, / Wie die schwere Keule jemand züchtigt«.[4]

Auch im Barockzeitalter kommt Herkules im sublimierten Gewand daher, in Daniel Casper von Lohensteins Trauerspiel »Sophonisbe« (1680) ordnet sich der Held bereitwillig der Tugend unter: »Sey Wollust tausendmal verfluchet! / Meine Herze schlagt / der Leib wird kalt! / Weh dem / der diesen Irrweg suchet! / Wol dem / der mit mir treten kann / Hier auf der Tugend Distel-Bahn« (580–584).[5]

Aber auch die übrigen starken Seiten Herkules' waren gefragt, er galt vielen Fürsten als nachahmenswertes Vorbild, davon berichten die emblematischen Abbildungen der Zeit zur Genüge: »1. Vom Herkules Prodikos geht die moralisierende Auffassung aus, die in ihm als Summe aller Tugenden das Vorbild für den Herrscher sah. 2. Physische Stärke, große Taten und Kämpfe legitimierten seine allegorische Bedeutung für Heldentum, Macht und Kriegsruhm. 3. Weiter wurde seine Apotheose in Parallele zur Verherrlichung der Herrscherhäuser oder einzelner Regenten gesetzt. 4. Meist damit verbunden erschien die nationale Sicht der Heroen.«[6] Er steht zudem stellvertretend für hervorragende rhetorische Fähigkeiten und – wie könnte es auch anders sein – für tugendhafte Liebe.

Der Landgraf Karl von Hessen ließ 1717 in Kassel die fast zehn Meter hohe Statue des Herkules-Farnese errichten – nicht uneigennützig. Schließlich konnte er sich mit dem berühmten Helden ein Denkmal setzen, war doch die Verwandtschaft zwischen den beiden nur zu offensichtlich – wie der Fürst zumindest glaubte …

[4] Dante, Alighieri: O alta prole del superno Giove. In: Rothe, C.: Dantea Dresdensia. In: Deutsches Dante-Jahrbuch (1930) 12, S. 142.

[5] Lohenstein, Daniel Casper von: Sophonisbe. Trauerspiel. Hrsg. von Rolf Tarot. Stuttgart 1996, S. 99.

[6] Zahlten, J.: Herkules Wirtembergicus. Überlegungen zur barocken Herrscherikonographie. In: Jahrbuch der staatlichen Kunstsammlungen in Baden-Württemberg (1981) 18, S. 20.

Auch Herzog Friedrich Karl von Württemberg arbeitete fleißig an seinem Herkules-Stammbaum, ein Huldigungsgedicht (1689) bestätigt des Herzogs Heldentaten: »Diese Dir vom Vater und den Ahnen vererbte Tugend [...] bestimmte Dich Friedrich Karl schon in der Wiege durch ein vielseitiges Vorzeichen zum Herkules, mit zunehmendem Alter immer größer werdend und gewohnt die harten Gefahren. Als erste Arbeit hast Du daher den Kriegsdienst unter dem Kaiser übertragen bekommen [...]. Von da an zeigte sich überall der goldene Friede«.[7]

Der derb ausschweifende Herkules ist zur gleichen Zeit aber auch durchaus in der Öffentlichkeit präsent, zumindest bei denen, die lesen können und Zugang zu Lexika, Enzyklopädien und anderen Schriften hatten. So berichtet 1688 Philipp von Zesen Beeindruckendes über die Manneskraft des Herkules: »die dreizehende Arbeit ist die allerschweereste: weil er in einer Nacht funzig Jungfrauen / des Beotischen Königs Tespius Töchter / beschlafen.«[8]

Die Stürmer und Dränger im 18. Jahrhundert, angeführt von Goethe, identifizierten sich, wie könnte es auch anders sein, vor allem mit der stürmischen Seite des antiken Kraftprotzes. So tritt Goethe in seiner Farce »Götter, Helden und Wieland« (1774) selbst in der Gestalt des Herkules auf und verspottet Christoph Martin Wieland, weil der in seinem Singspiel »Alceste« (1773) einen gesitteten Herkules favorisiert. Goethe kontert stürmisch: »Hättest du nicht zu lang unter der Knechtschaft deiner Religion und Sittenlehre geseufzt, es hätte noch was aus dir werden können. [...] Kannst nicht verdauen, dass ein Halbgott sich betrinkt und ein Flegel ist seiner Gottheit ohnbeschadet.«[9]

Es verwundert nicht, daß Herkules während der Französischen Revolution politisch instrumentalisiert wird, zum

[7] Pregizer, Ulrich: zit. nach: ebd. S. 9f.

[8] Zesen, Philipp von: Der erdichteten Heidnischen Gottheiten / wie auch Als- und Halb-Gottheiten Herkunft und Begräbnisse. Nürnberg 1688, S. 735.

[9] Goethe, Johann Wolfgang: Helden, Götter und Wieland. Eine Farce.

Fürstendiener taugt er nicht mehr, ganz im Gegenteil. Nun ist er Vorbildfigur für das souveräne Volk. Ein Kenner der Französischen Revolution, James Leith, analysiert treffsicher die neue Funktion des Herkules, er wurde »mit der Macht des Volkes in engere Verbindung gebracht. Er erscheint in seiner neuen Rolle auf der Bescheinigung, die den Bestürmern der Bastille gegeben wurde, auf einigen Fahnen der neuen Nationalgarde, auf den Bescheinigungen, die den Mitgliedern der Garde ausgestellt wurden, auf den Stichen der 1789 entworfenen Deklaration der Menschenrechte und auf einigen der *assignats*, dem neuen Papiergeld«.[10]

Doch es gibt auch Entspannteres vom Herkules-Mythos zu berichten. Mit der Zeit löst sich der Stoff aus den politischen, religiösen und ethischen Umklammerungen und wird fortan bis in die Gegenwart hinein als frei kombinierbarer Stoff sehr unterschiedlich in den Medien bewegt. 1794 nimmt Joseph Maria Koller in seinem »Herkules travestirt« den Helden auf wohltuende Weise auf die Schippe: »Einen riesenhaften Helden wirst du sehen, mein Leser! Bebendes Erstaunen wird deine Haare emporziehen bey manch grausiger Fehde; aber strafe meinen Kerl nicht Lügen, wenn du gelegentlich einen Pariser Gecken im garnirten Strohhut erblickest mit abgeschwundnen Waden, und ausgedorten Marke«.[11]

Das Herkulesbild verändert sich signifikant ab dem 19. Jahrhundert, auf neuen medialen Bühnen feiert er, der

In: ders.: Sämtliche Werke nach Epochen seines Schaffens. Bd. I. 1. Der junge Goethe 1757–1775. Hrsg. von Gerhard Sauder. München 1985, S. 683.

[10] Leith, James, A.: Die revolutionäre Karriere des Herkules in Frankreich 1789–1799. In: Kray, Ralp/Oettermann, Stephan (Hrsg.): Herkules/Herkules I. Metamorphosen des Heros in ihrer medialen Vielfalt. Basel/Frankfurt am Main 1993, S. 131.

[11] Zit. nach: Miris/Steub, Fritz: Leben und Taten des Herkules. In Reime gebracht von Miris. Mit Illustrationen von Fritz Steub. Hrsg. von Karl Riha. Frankfurt am Main 1987 [o. S.].

»Totschläger schlechthin«[12], seinen Einstand: auf Jahrmärkten, Puppenspielen, in der Oper und im Zirkus; auch die allegorischen Beziehungen zur Technik nehmen zu. Immer öfter wird er für Industrieartikel, zuweilen gefährliche, in Dienst genommen. Der amerikanische Konzern »Hercules Power Company« produzierte Sprengstoffe, viel Geld verdiente das Unternehmen mit seinem »Herkulespulver«. Und die Technik kennt kein Erbarmen vor seinem ungeschützten Namen. Am 21. März 1909 bietet in einer Anzeige die »Oberhessische Zeitung« einen eisernen Pflug an: als »Herkules-Kultivator«.

Vieles andere wird noch mit Herkules benamst: ein Kühlschrank, ein amerikanisches Riesenflugboot, eine Flugabwehrrakete made in USA, Kaffee, Biere, ein ICE, Schirmstoffe, Zigarettentabak, Händetrockner, Mahlzeiten (»Herkules-Spieß«), ein Preßwerk, eine Fräsmaschine, Autokrane, Fahrräder, Mopeds und schließlich auch ein Eimerkettenbagger.

Besonders gut kommen Bildergeschichten beim Publikum an, etwa Gustave Dorés »Die Taten des Herkules« (1847) oder Adolf Oberländers »Die zwölf Arbeiten des Herkules im XIX. Jahrhundert«, die 1887 in den »Fliegenden Blättern« erschienen. Unser Held kämpft hier mit recht modernen Mitteln, schauen wir uns einmal die ersten beiden Taten an:

»Der *Löwe von Nemea*, der
Verwundbar nicht für Pfeil und Speer,
Wie leicht und schnell wär' in die Luft
Der Kerl mit Dynamit verpufft!

Die Hydra, dieses Ungeheuer,
Nicht tödten würde er's mit Feuer –
Nein, einfach – was auch schneller geht –
Vermittels Electricität.«[13]

---

[12] Müller, W.: Hera und Herakles. In: Scheidewege (1974) 4/3, S. 409.
[13] Oberländer, Adolf: Die zwölf Arbeiten des Herkules im XIX. Jahrhundert. In: Fliegende Blätter, Bd. 87, Nr. 2196, S. 73.

Herkules taucht auch in Kinderabzählreimen auf, so in den um 1910 veröffentlichten Versen Fritz Jödes: »Auf einem kleinen Tintenfaß / Da saß ein kleiner Herkulas. / Wie sah er aus? / ›Rot‹. / R = o = t: rot.«[14]

Aus diesem kleinen »Herkulas« wird im 20. Jahrhundert zuweilen noch mal ein großer, wenn man zum Beispiel an Superman denkt, der auch ein halber Göttersohn ist und sicherlich ein moderner Nachfahre des antiken Helden. Das Filmgenre nimmt sich auch Herkules höchstpersönlich vor, zuletzt gab 1996 Arnold Schwarzenegger in »Herkules in New York« sein Bestes, um den antiken Helden in der Postmoderne zu etablieren.

Kinder und Jugendliche schätzen besonders Herkules-Comics, eine Weiterentwicklung der Bildergeschichten aus dem 19. Jahrhundert. In Amerika, Kanada und Großbritannien wurde zum Beispiel zwischen 1982 und 1984 die Serie »Herkules, Prince of Power« erfolgreich verkauft.

Die hohe Literatur kann im 20. Jahrhundert aber auch mithalten, sie macht mit einigen interessanten dramatischen Adaptionen von Frank Wedekind (»Herakles, Dramatisches Gedicht in drei Akten«) über Friedrich Dürrenmatt (»Herkules und der Stall des Augias«), Peter Hacks (»Omphale«) und Heiner Müller auf sich aufmerksam. In Müllers »Herakles 5« (1966) wird der Held als Prototyp eines revolutionären Arbeiters vorgestellt. Er soll den Stall des Augias säubern, dazu hat er zunächst keine Lust, zumal der eitle Muskelprotz nur ans Essen denkt, und auch etwas dumm daherkommt, wenn er auf die Frage, die wievielte Arbeit er erledige, diese mit den Fingern abzählen muß. Aber er verändert sich, aus ihm wird im Verlauf des Stücks ein selbstbewußter und zielstrebiger Arbeiter, der die Religion – ganz im sozialistischen Sinn – auf

---

[14] Jöde, Fritz: Ringel Rangel Rosen. 150 Singspiele und 100 Abzählreime, nach mündlicher Überlieferung gesammelt. Leipzig/Berlin: Teubner ³1923, S. 64.

Eis legt: »Herakles rollt den Himmel ein und steckt ihn in die Tasche«.[15]

Auch Peter Weiss stellt in seinem Roman »Ästhetik des Widerstands« den Helden wieder an die Seite des Menschen – auf eine Weise, die weit vom antiken Götterhimmel entfernt ist: »Er war für uns der Irdische, dem es darum ging, die Natur zu beherrschen, der zum ersten Mal klarmachte, daß hier, im Diesseitigen, die Verändrungen, die Verbeßrungen statffinden mußten, daß nichts andres uns nützt als das, was unmittelbar spürbar ist, was, bei handfestem Zupacken, die Lage erleichtert. Selbst wenn er uns prahlerisch erschien [...], so hatte er doch unsre Bewundrung geweckt, denn seine Tollkühnheit, sein höhnisches Wüten war immer nur darauf gerichtet, den Sterblichen beizustehn gegen das Monströse und Destruktive.«[16]

Und Robert Walser stellt 1920 in seinem Text »Herkules« fest, daß diese *Menschwerdung* nun wirklich nicht zu bemängeln sei: »Doch wozu klagen? Er, der die Schrecknisse besiegte, große Taten vollführte, fand nun am Geschirrabwaschen Geschmack, hielt sich artig zu Hause auf und gehorchte einem zarten Frauchen. Ein Unbändiger wurde sanftmütig und sittsam. So was kann vorkommen. Gescheh' nichts Böseres!«[17]

•

[15] Müller, Heiner: Herakles 5. In: ders.: Die Stücke 1. Hrsg. von Frank Hörnigk. Frankfurt am Main 2000, S. 409.

[16] Weiss, Peter: Die Ästhetik des Widerstands. Frankfurt am Main 1988, S. 314.

[17] Walser, Robert: Herkules. In: ders.: Prosa aus der Bieler und Berner Zeit. Hrsg. von Jochen Greven. Genf/Hamburg 1966, S. 131.

# Quellennachweis

Apollodoros: Bibliothek II – Verse 72–126. In: Ders.: Die griechische Sagenwelt. Apollodoros Mythologische Bibliothek (i. d. Übersetzung von Christian Gottlieb Moser und Dorothea Vollbach, mit Nachwort von Ilse Becher) Sammlung Dieterich 354 © Sammlung Dieterich Verlagsgesellschaft mbh, Berlin 1988, Leipzig 1992 (für die Übersetzung von Dorothea Vollbach).

Aristophanes: Die Vögel – Verse 1565–1705. In: Ders.: Die Vögel. Übersetzt von Christian Voigt. Stuttgart: Reclam 1983, S. 74–79. © 1983 Philipp Reclam jun., Stuttgart.

Artemidor: Traumkunst (Auszug). In: Ders.: Traumkunst. Übersetzt von Friedrich S. Krauss, neubearbeitet und mit einem Nachwort sowie Anmerkungen versehen von Gerhard Löwe. Leipzig: Reclam 1991, S. 157 f.

Bartsch, Kurt: Herakles 13. Nach Heiner Müller. In: Ders.: Kalte Küche. Parodien. Berlin/Weimar: Aufbau ²1975, S. 42; 44–46. © Akademie Verlag Berlin.

Brant, Sebastian: Tugent Spyl. – Herolt (Auszug). In: Ders.: Tugent Spyl. Nach der Ausgabe des Magister Johann Winckel von Strassburg (1554). Herausgegeben von Hans-Gert Roloff. Berlin: Walter de Gruyter 1968, S. 13–16.

Braun, Volker: Karl Marx. In: Ders.: Gedichte. 3., erweiterte Auflage. Leipzig: Reclam 1979, S. 96 f. Mit freundlicher Genehmigung von Volker Braun, Berlin.

Carmina Burana (Auszüge). In: Benedikt Konrad Vollmann: Carmina Burana. Texte und Übersetzungen. Frankfurt am Main: Deutscher Klassiker Verlag 1987, S. 209; 211; 213.

Dürrenmatt, Friedrich: Herkules und der Stall des Augias (Auszug). In: Ders.: Gesammelte Werke. Bd. 2, Stücke 2. Zürich: Diogenes 1996, S. 247–255. © 1996 Diogenes Verlag AG, Zürich.

Euripides: Herakles – Verse 348–441. In: Ders.: Tragödien. Dritter Teil. Übersetzt von Dietrich Ebener. Berlin: Akademie-Verlag 1976, S. 39; 41; 43; 45. © Akademie Verlag Berlin.

Geibel, Emanuel: Mythus vom Dampf. In: Ders.: Gesammelte Werke in acht Bänden. Bd. 3: Neue Gedichte – Gedichte und Gedenkblätter. Stuttgart: Cottasche Buchhandlung 1883, S. 4–7.

Goethe, Johann Wolfgang von: Herkules – Philostrats Gemälde – IV. In: Ders.: Ästhetische Schriften 1816–1820. Über Kunst und Altertum I–II. Herausgegeben von Hendrik Birus. Frankfurt am Main: Deutscher Klassiker Verlag 1999, S. 329–332.

Hacks, Peter: Duett des Herakles. In: Ders.: Werke – 1. Band, Die Gedichte, S. 105 © 2003 Eulenspiegel Verlag Berlin.

Hemeling, Johann: Arithmetisch–Poetisch- und Historisch-Erquick-Stund. Fünfft Aufgab. In: Lietzmann, Walter: Lustiges und Merkwürdiges von Zahlen und Formen. Göttingen: Vandenhoeck & Ruprecht 1961, S. 32 f.

Hölderlin, Friedrich: An Herkules. In: Ders.: Sämtliche Werke und Briefe. Bd. 1. Herausgegeben von Michael Knaupp. Darmstadt: Wissenschaftliche Buchgesellschaft 1992, S. 160 f.

Huchel, Peter: Unterm Sternbild des Hercules. In: Ders.: Gesammelte Werke in zwei Bänden. Bd. 1: Gedichte. Herausgegeben von Axel Vieregg. Frankfurt am Main: Suhrkamp 1984, S. 176 f. © Suhrkamp Verlag 1984.

Hultenreich, Jürgen K.: Erste Tat des Herkules. In: Litfass. Zeitschrift für Literatur 10 (1986) H. 39, S. 168.

Koller, Benedikt Josef Maria von: Herkules – Erstes Buch. In: Herkules travestirt in sechs Büchern. Wien: [o. V.] 1786, S. 1–7.

Kürnberger, Ferdinand: Herkules und Alpheus. In: Ders.: Feuilletons. Herausgegeben von Karl Riha. Frankfurt am Main: Insel 1967, S. 31–34.

Kunert, Günter: Große Taten werden vollbracht von den kleinen Leuten. In: Ders.: Erinnerung an einen Planeten. Gedichte aus fünfzehn Jahren. München: Carl Hanser 1963, S. 74. © 1963 Carl Hanser Verlag, München–Wien.

Lohenstein, Daniel Casper von: Sophonisbe – Die vierdte Abhandlung – Verse 509–626. In: Ders.: Sophonisbe. Trauerspiel. Herausgegeben von Rolf Tarot. Stuttgart: Reclam 1996, S. 96–100. © 1996 Philipp Reclam jun., Stuttgart.

Moritz, Karl Philipp: Herkules. In: Ders.: Götterlehre. Herausgegeben von Horst Günther. Frankfurt am Main: Insel 1981, S. 161–166.

Müller, Heiner: Herakles 5. In: Ders.: Die Stücke 1. Herausgegeben von Frank Hörnigk. Frankfurt am Main: Suhrkamp 2000, S. 399–409. © Suhrkamp Verlag 2000.

Ovid (Publius Ovidius Naso): Herkules' Tod und Vergöttlichung. In: Ders.: Metamorphosen. Mit den Radierungen von Pablo

180

Picasso. Übersetzt von Reinhart Suchier. Leipzig: Reclam 1986, S. 220–223.

Pindar: Für Chromios aus Syrakus und seinen Sieg im Wagenrennen [Nemeische Ode I]. In: Ders.: Oden. Herausgegeben und übersetzt von Eugen Dönt. Stuttgart: Reclam 2001, S. 179; 181; 183; 185. © 2001 Philipp Reclam jun., Stuttgart.

Properz: Die Ara maxima (Riesenaltar) des Herkules. In: Ders.: Gedichte. Übersetzt von Rudolf Helm. Berlin: Akademie Verlag 1965, S. 235; 237. © Akademie Verlag Berlin.

Samosata, Lucian von: Diogenes und Herkules. In: Ders.: Sämtliche Werke. Erster Band. Erster und zweiter Teil. Übersetzt von Christoph Martin Wieland. Darmstadt: Wissenschaftliche Buchgesellschaft 1971, S. 253–257.

Schadek, M.: Herkules a. D. In: Fliegende Blätter, Bd. LXXXIII, Nr. 2097, S. 108 f.

Seneca, Lucius Annaeus: Hercules furens – Verse 955–1200. Übersetzt und erläutert von Theodor Thomann. Bd. 1. Zürich/München: Artemis Verlag 1978, S. 129; 131; 133; 135; 137; 139; 141; 143; 145. © 1961 Artemis Verlags-AG Zürich.

Sophokles: Die Trachinierinnen – Verse 1046–1111. In: Ders.: Dramen. Herausgegeben und übersetzt von Wilhelm Willige. München/Zürich: Artemis und Winkler [3]1995, S. 175; 177. © Patmos Verlag GmbH & Co KG/Artemis & Winkler Verlag, Düsseldorf/Zürich.

Spitteler, Carl: Herakles' Erdenfahrt. In: Ders.: Olympischer Frühling. Zürich: Artemis 1945, S. 600–606; 607–609. © Patmos Verlag GmbH & Co KG/Artemis & Winkler Verlag, Düsseldorf/Zürich.

Vergil: Aeneis – Achtes Buch – V – Verse 184–309. In: Ders.: Aeneis. Übersetzt von Rudolf Alexander Schröder. Frankfurt am Main: Insel 1991, S. 182–186. © Insel Verlag 1991.

Vico, Giambattista: Die Neue Wissenschaft über die gemeinschaftliche Natur der Völker (Auszug). In: Ders.: Die Neue Wissenschaft über die gemeinschaftliche Natur der Völker. Nach der Ausgabe von 1744. Übersetzt von Erich Auerbach. München: Allgemeine Verlagsanstalt 1961, S. 45.

Walser, Robert: Herkules (Auszug). In: Ders.: Prosa aus der Bieler und Berner Zeit. Herausgegeben von Jochen Greven. Genf/Hamburg: Helmut Kossodo 1966, S. 130 f. © Suhrkamp Verlag Zürich/Frankfurt 1978, mit Genehmigung der Inhaberin der Rechte, der Carl-Seelig-Stiftung, Zürich.

Wedekind, Frank: Herakles – Dramatisches Gedicht in drei Aufzügen – Dritter Akt – XII. In: Ders.: Prosa, Dramen, Verse. Bd. I. München/Wien: Langen/Müller 1964, S. 660–663.

Weiss, Peter: Die Ästhetik des Widerstands (Auszüge). In: Ders.: Die Ästhetik des Widerstands. Frankfurt am Main: Suhrkamp 1988, S. 7; 11; 314–320. © Suhrkamp Verlag 1988.

Wieland, Christoph Martin: Göttergespräche – I. – Herkules, Jupiter. In: Ders.: Ausgewählte Werke in drei Bänden. Bd. III: Erzählende Prosa und andere Schriften. Herausgegeben von Friedrich Beißner. München: Winkler-Verlag 1965, S. 639–645.

Winckelmann, Johann Joachim: Beschreibung des Torso im Belvedere zu Rom. In: Ders.: Kleine Schriften zur Geschichte der Kunst des Altertums. Bd. I. Herausgegeben von Hermann Uhde-Bernays. Leipzig: Insel 1925, S. 165–172.

Xenophon: Herkules am Scheideweg* – II 1, 21–34. In: Ders.: Erinnerungen an Sokrates. Herausgegeben von Peter Jaerisch. 3., verbesserte Auflage: München: Heimeran Verlag 1980, S. 91–99. © Patmos Verlag GmbH & Co KG/ Artemis & Winkler Verlag, Düsseldorf/Zürich.

Der mit einem * versehene Titel stammt von den Herausgebern.

# Abbildungsnachweise

S. 40: Herkules am Scheidewege. In: Fliegende Blätter, Bd. XVI, Nr. 368, S. 64.

S. 55: Der renovirte Herkules. In: Fliegende Blätter, Bd. XL, Nr. 990, S. 208.

S. 75: Der Torso von Belvedere. In: Winckelmann, Johann Joachim: Beschreibung des Torso im Belvedere zu Rom. In: Ders.: Kleine Schriften zur Geschichte der Kunst des Altertums. Bd. 1. Herausgegeben von Hermann Uhde-Bernays. Leipzig: Insel 1925, [o. S.].

# Literaturempfehlung

Brommer, Frank: Herakles. Die zwölf Taten des Helden in antiker Kunst und Literatur. Darmstadt: Wissenschaftliche Buchgesellschaft 1972.

Doré, Gustave: Die Taten des Herkules. Aus dem Französischen übertragen und mit einem Nachwort versehen von Wolfgang Drost und Karl Riha. Siegen: Machwerk Verlag 1984.

Friedländer, Paul: Herakles. Sagengeschichtliche Untersuchung. Berlin: Weidmann 1907.

Kray, Ralph; Stephan Oettermann (Hg.): Herakles/Herkules I. Metamorphosen des Heros in ihrer medialen Vielfalt. Basel/Frankfurt am Main: Stroemfeld/Roter Stern 1994.

Kray, Ralph; Stephan Oettermann (Hg.): Herakles/Herkules II. Medienhistorischer Aufriß. Repertorium zur intermedialen Stoff- und Motivgeschichte. Basel/Frankfurt am Main: Stroemfeld/Roter Stern 1994.

Riha, Karl; Carsten Zelle (Hg.): Die Taten des Herkules: nach Gustav Schwab und anderen literarischen Dokumenten. Frankfurt am Main: Insel 1997.

Stoessl, Franz: Der Tod des Herakles. Arbeitsweise und Form der antiken Sagendichtung. Zürich: Rhein-Verlag 1945.